ANTONIO DOUGLAS DE MORAES

A PEDAGOGIA MORAL DE JESUS

A teologia moral como arte de educar para o cuidado

EDITORA SANTUÁRIO

Dados Internacionais de Catalogação na Publicação (CIP) de acordo com ISBD

M357p Moraes, Antonio Douglas de

A pedagogia moral de Jesus: a teologia moral como arte de educar para o cuidado / Antonio Douglas de Moraes. - Aparecida : Editora Santuário, 2023.
80 p. ; 14cm x 21cm.

Inclui índice e bibliografia.
ISBN: 978-65-5527-279-6

1. Religião. 2. Cristianismo. 3. Espiritualidade. 4. Teologia. 5. Jesus. I. Título.

CDD 240
2023-151 CDU 24

Elaborado por Odilio Hilario Moreira Junior - CRB-8/9949

Índice para catálogo sistemático:
1. Religião : Cristianismo 240
2. Religião : Cristianismo 24

1ª impressão

Rua Pe. Claro Monteiro, 342 – 12570-045 – Aparecida-SP
Tel.: 12 3104-2000 – Televendas: 0800 - 0 16 00 04
www.editorasantuario.com.br
vendas@editorasantuario.com.br

AGRADECIMENTOS

Nas pessoas de meu pai Dércio e de minha mãe Cecília, grandes inspiradores, exemplos de perseverança, minha gratidão a toda a minha família, em especial ao Lucas e à Maria Cecília, meus sobrinhos e afilhados, por nos ajudarem a manter sempre viva a alegria e o vigor da infância dentro de nós.

Sou grato aos colegas professores e alunos da Pontifícia Universidade Católica de Campinas, pela convivência e experiências vividas juntos no dia a dia.

Ao Prof. Dr. Paulo Sérgio Lopes Gonçalves com quem compartilhei meu desejo de realizar este pós-doutorado, e que, depois de várias conversas, me apresentou ao Prof. Dr. Jorge Teixeira Cunha.

À Arquidiocese de Campinas, na pessoa de Dom João Inácio Müller, Arcebispo Metropolitano de Campinas, pelo apoio e pela confiança na busca de uma Educação de qualidade e na partilha da fé no ambiente Universitário.

Minha gratidão à Profa. Dra. Orly Zucatto Mantovani de Assis, pelas revisões neste trabalho, oportunidades de encontro, trocas de ideias, agradáveis conversas, pela partilha da vida, pelo estímulo, incentivo, pela pedagogia, por acompanhar

e caminhar comigo como amiga.
À Profa. Dra. Eliane Precoma, Profa. Me. Carol Pasquini e Profa. Carla Raia, pela amizade, por compartilharem conhecimentos, pela ajuda técnica e leitura atenta.
Ao Pe. João Augusto Piazza, por ser exemplo de nunca desistir, de sempre buscar outros caminhos, de não se contentar com os passos já dados e buscar sempre o aperfeiçoamento.
Ao Prof. Dr. Jorge Teixeira Cunha, da Faculdade de Teologia, da Universidade Católica Portuguesa do Porto, pela acolhida, por acreditar na possibilidade da contribuição da Teologia Moral na Educação, que tornou possível a realização deste trabalho.
Desejo que a pequena imagem de Nossa Senhora Aparecida, que lhe entreguei no dia de seu aniversário de ordenação, seja sinal da presença e do cuidado de Maria, a Mãe de Jesus e nossa mãe.
A meus amigos de convivência semanal, com os quais compartilho alegrias, preocupações, desejos, projetos e sonhos, por me ouvirem, respeitarem e acolherem.
Obrigado pela descontração em nossas aventuras culinárias, que nos reúnem em torno da mesa, na comensalidade.

Bendito seja Deus!

SUMÁRIO

APRESENTAÇÃO

Apresentar, em forma de texto, as palavras faladas, as vivências, os estudos teológicos, as pesquisas e ações pedagógicas realizadas por pessoas a quem amo e admiro tanto só poderia levar ao sentimento de alegria do qual desfruto agora.

Reconhecer na pedagogia moral de Jesus sinais evidentes de práticas, que hoje são reconhecidas pelas Ciências Humanas como eficazes na construção da Moralidade e da Ética, é reafirmar que fé e razão, ciência e religião não se excluem, mas podem caminhar juntas e se complementarem.

Compartilho com todos os que se interessam pela Educação, portanto com meus colegas docentes da Pontifícia Universidade Católica de Campinas, um diálogo entre a Teologia e as Ciências Humanas sobre a educação moral como forma de expansão do cuidado, a partir de uma Teologia não com discurso tutelar, hegemônico e estático, mas como serviço, que se coloca à escuta e à disposição da realidade, diante do desafio de contribuir para a formação das pessoas, de todos nós, como seres inacabados.

Discutir sobre a contribuição da formação teológica, bem como sobre a relevância e a eficácia da proposta de um caminho fenomenológico para a educação moral, como cuidado, faz-se ainda mais relevante quando o estudo da Teologia se estende por todos os cursos de graduação oferecidos pela PUC-Campinas, por meio dos quais podemos cooperar, para que se desperte o divino, continuamente adjacente à existência humana, nos jovens universitários.

Com o desejo de colaborar na construção da personalidade moral para as atuais gerações, a partir da vivência da fé cristã em constante diálogo com as Ciências Humanas, proponho um percurso por meio das ações pedagógicas dos professores e da vivência dos próprios alunos.

Fundamentos teóricos, bem como relatos de alunos possibilitaram constatar que, quando a ação pedagógica dos professores estiver direcionada para além de obrigações e deveres, com uma vivência da fé e da espiritualidade cristã, no respeito mútuo da experiência religiosa como constitutiva da pessoa, ancorada na pedagogia de Jesus, tendo em vista uma abordagem fenomenológica e não puramente racional, a formação teológica se apresenta como uma via importante para o progresso na construção de uma educação ética e moral.

Que se desperte em nós, agentes de um cuidado incondicional, um largo sorriso para o Grande Mistério da Vida!

PREFÁCIO

O texto que tem em suas mãos é muito mais do que um exercício acadêmico de pós-doutoramento em ética teológica. É o testemunho da rica experiência docente e pedagógica do Reverendo Prof. Antonio Douglas de Moraes e também o resultado dos caminhos que a ética vai percorrendo nos tempos de hoje, que parecem nos dizer que apenas o que é vivido pode ser racionalizado em uma norma de ação.

Quando, pela primeira vez, apresentou-se como candidato a um pós-doc, o autor deste texto tinha o propósito de coroar seu rico patrimônio pessoal em ciências humanas com o aprofundamento teológico que sua vida sacerdotal lhe sugeria de forma natural. Foi aí que um campo inexplorado se abriu, pois o diálogo da teologia com as Ciências Humanas tem ainda muito caminho a percorrer. A paideia, ou seja, a construção da personalidade moral, e a fé cristã existem de forma harmônica na vivência de muita gente, mas não tem sido objeto de aproximação discursiva correspondente. Por isso este trabalho é pleno de atualidade e de sementes de futuro. O leitor encontrará no texto um percurso que visa mostrar como a fé religiosa cristã é o elemento freático da atitude moral. Percurso breve, por vezes quase só esquemático, de um tema de amplitude inesgotável.

No passado recente, moderno, a ética pensou-se como formal, quer dizer, como aplicação da simples razão à fundação da norma de vida, para lá das circunstâncias históricas e mesmo da experiência viva do sujeito. Mas esse caminho está esgotado, em boa parte, porque a sensibilidade cultural de hoje não reconhece valor a nada que não possa experimentar e vivenciar. O texto do Prof. Antonio Douglas de Moraes reflete, de forma certeira, sobre essa convicção e enceta uma via diferente para propor uma educação ética e moral para as atuais gerações. Ele refere o rico manancial que o pensamento fenomenológico tem desenvolvido como resultado dessa justa preocupação. É nesse sentido que vai a proposta de pensar a educação moral como forma de expansão do cuidado de si, dos outros, dos animais e de todos os elementos que fazem nosso contexto vital. A bondade e a justiça vivem-se concretamente como cuidado, no duplo sentido desta expressão: a emergência da realidade como subjetividade originária investida em responsabilidade e missão; e a ética como forma de habitação comprometida com a "casa comum" dos viventes, de que fala o papa Francisco e diversos outros caminhos humanistas de hoje. Também aqui, o texto que se apresenta é cheio de virtualidades, de sugestões e perspectivas para uma ampliação sem-fim.

Essa dupla preocupação, presente no volume que agora vê a luz, mostra como a teologia não é hoje um discurso tutelar e hegemônico, como foi no passado, mas um serviço discreto à inteligência da realidade e a sua configuração, sempre inacabada, como ação que dá a si mesmo o sujeito. A educação é o despertar para o divino continuamente adjacente ao cotidiano e para a pobreza existencial que garante o encontro com a vida bem-aventurada. A fonte imanente da vida divina está aí eternamente disponível. Assim o pensamento, filosófico e teológico, e a pedagogia moral possam fazê-la experimentar aos seres humanos que, por vias tantas vezes equívocas e prepotentes, e outras tantas injustamente sofridas, a procuram na sombra, porque nela foram criados.

Boa leitura!

Jorge Teixeira da Cunha

Professor Catedrático de Teologia Moral da Faculdade de Teologia da Universidade Católica Portuguesa

INTRODUÇÃO

A motivação para realizar esta pesquisa de pós-doutorado decorre de um longo caminho realizado desde a dissertação de mestrado, de nossa autoria, Moraes (2011), intitulada: "Um estudo sobre a espiritualidade nas ações pedagógicas dos professores". Esse estudo teve como pressuposto a ideia de que a espiritualidade religiosa é uma dimensão importante e parte integrante do psiquismo humano, que é negligenciada, ainda hoje, sobretudo quando se considera a oposição entre Ciência e Religião. Assim, foi possível perceber especialmente a importância, para a Educação, de considerar a multidimensionalidade do ser humano.

Por meio das entrevistas com professores, quando interpelados sobre a maneira como pensavam que sua espiritualidade se manifestava, constataram-se muitas respostas envolvendo comportamentos morais e éticos, na busca da justiça, do bem e, sobretudo, daquilo que é o mais adequado para a pessoa humana. Segundo os professores entrevistados, sua espiritualidade se manifesta no ato de cuidado para com o aluno e, mais do que transmitir teorias claramente formuladas, na importância de o educador despertar em seus alunos sentimentos e possibilitar ações concretas de fraternidade, justiça, ajuda mútua, compaixão, caridade, bem como reflexão a respeito do sentido da vida.

Tais resultados constituíram os fundamentos de uma tese de doutorado, Moraes (2016), intitulada: "Intervenção Pedagógica e construção da competência moral em universitários".

Com essa pesquisa, pretendeu-se verificar se vivenciar situações cotidianas, nas interações com seus pares e com o educador, baseadas na reciprocidade, generosidade, solidariedade, respeito mútuo, poder-se-ia favorecer a construção da competência do juízo moral, isto é, aproximar as intenções morais da ação moral, agir conforme o que se pensa ser correto.

A intervenção pedagógica trata-se de um ato de cuidado de modo a promover a possibilidade de um desenvolvimento intelectual e moral de jovens universitários[1], a fim de passarem a relacionar a moralidade com suas práticas religiosas e seus valores.

Os resultados mostraram que os cursos de graduação em Filosofia e Teologia não tiveram influência no desenvolvimento da competência do juízo moral dos estudantes que constituíram o grupo controle. Por outro lado, alunos dos mesmos cursos que compuseram o grupo experimental, isto é, que participaram da intervenção pedagógica com foco no desenvolvimento da moralidade, apresentaram progresso na construção da referida competência e, consequentemente, na conquista da autonomia moral. O grupo que participou da intervenção demonstrou maior aceitação da transcendência, resultado bastante pertinente para dar sequência aos estudos a respeito da influência da religião e espiritualidade na competência moral, bem como suas respostas demonstraram uma diminuição do interesse pelos valores "poder e realização", voltados para a autorrealização, e aumentou o interesse pelo valor "autodeterminação", relacionado com a autonomia; o que também se consi-

[1] Seminaristas dos cursos de Filosofia e Teologia da Pontifícia Universidade Católica de Campinas.

dera muito positivo em um grupo de jovens que se preparam para ser padres.

Tendo em vista os resultados positivos dos alunos que participaram da Intervenção Pedagógica, comprovou-se, quantitativamente, por meio de testes estatísticos, e qualitativamente, que a intervenção foi bem-sucedida por terem sido ativados os mecanismos e procedimentos de uma prática pedagógica construtivista, preconizados por Piaget e Kohlberg. Por um lado, favorecendo que a igualdade suplantasse a autoridade e, por outro, que a minimização da coação e/ou o constrangimento dessem lugar à cooperação, reciprocidade, respeito mútuo. Fundamentada em uma ética da solidariedade e da reciprocidade que supõe a existência de um bem interior independente dos deveres externos, a intervenção propiciou uma progressiva autonomia da consciência, o ultrapassar a heteronomia que consiste na submissão a regras e deveres impostos por aqueles que detêm a autoridade.

Esses resultados corroboram o pensamento do teólogo e padre Marciano Vidal (2008), grande conhecedor da tradição teológica e sensível à cultura atual, considerado um grande renovador do pensamento moral católico. O autor é enfático ao afirmar que o marco teórico cognitivo-evolutivo de Jean Piaget, a partir do qual se analisa a moralidade em crianças, e de Kohlberg, em adolescentes e jovens, é essencial para a compreensão do comportamento moral. O autor ressalta: "Pode-se afirmar que a teoria cognitivo-evolutiva da conduta moral foi e continua sendo a mais fecunda em análises teóricas em propostas educativas do sentido moral" (VIDAL, 2008, p. 29).

Foi a partir dos resultados dessa pesquisa que surgiu uma preocupação que direciona esta investigação porque os resultados mostraram que muito mais do que realizar ou indicar procedimentos e estratégias, a fim de que o aluno percorra um caminho para a construção da autonomia moral, foi o modo de ser e de estar com eles que favoreceu tal desenvolvimento e não a transmissão do conhecimento ou do conteúdo programático das diferentes disciplinas que compõem o currículo da graduação em Teologia.

Diante disso, surge esta proposta de um trabalho de pós-doutorado, com a preocupação de responder à seguinte questão: A formação teológica contribui para o progresso da construção da moralidade que ultrapasse a centralização puramente racional na prática da justiça?

A Teologia Moral pode contribuir para que possamos transcender, ir além de uma moralidade puramente racional, baseada na justiça, mas que contemple outras variáveis que influenciam o agir de modo justo, tais como: a generosidade, a solidariedade, a misericórdia, a bondade, o serviço, que implicam o esquecer-se de si mesmo por causa do outro.

Uma ética do cuidado é uma "pré-ocupação", é um querer tomar conta, uma necessidade de cuidar do outro. Não se trata apenas de agir de modo justo, respeitando os direitos humanos e as leis universais, como se primeiramente tivéssemos nos satisfazendo a nós próprios, por isso não se faz suficiente cumprir as obrigações e os deveres, exigir direitos, sobretudo, que se aponte para um agir por meio de um serviço a ser prestado para o outro. Desse modo, a responsabilidade pelo outro é uma exigência que faz ver primeiro as necessidades do outro e não as próprias, inclusive a do que é necessário ser justo. Nessa proposta a exigência parte do outro e não se torna um paternalismo, mas escolhe-se ser justo, verdadeiro, honesto pela lealdade ao outro, na relação.

Na citação que se segue, Millen esclarece a proposta de Educação Moral, que se quer trabalhar nesta pesquisa:

> Parecia muito pequeno o ideal de meu pai, naquele tempo lá. A escola, onde me matriculou também na caixa escolar – para ter direito a uniforme e merenda –, devia me ensinar a ler, escrever e a fazer conta de cabeça. O resto, dizia ele, é só ter gratidão, e isso se aprende copiando exemplos. [...] Dividi meu caderno e deixei em branco uma parte para copiar exemplos de gratidão, conforme recomendação de meu pai. A professora passava o ponto de Ciências, de Língua Pátria, de Aritmética, sem nunca passar o ponto da gratidão. Devia ser uma matéria para se estudar mais tarde, eu pensava (QUEIRÓS, 2001, p. 7 apud MILLEN, 2011, p. 217).

O desenvolvimento moral, bem como a construção de valores, não se ensina narrando conteúdos que devem ser copiados nos cadernos de anotações, repetidos no exame final somente para satisfazer as exigências acadêmicas, nem mesmo fazendo preleções ou indicando leituras de textos bem elaborados. Estes são necessários, mas não suficientes.

A autora afirma:

> A educação para os valores, tão urgente neste mundo de incertezas, deve ser pensada e posta em prática a partir de outra pedagogia, aquela que se faz dialógica, na reciprocidade das consciências, tão difícil para a perspectiva de quem se sente donos da verdade (MILLEN, 2011, p. 227).

Por isso é preciso considerar a realidade sistêmica. Pode-se ser individualmente muito bom, mas, se não se tem estrutura para agir, não se chega ao que temos como meta de vida. É preciso um cuidado pluridimensional e não só estrutural e racional. É preciso amor ao outro em sua totalidade. O cuidado para com o outro torna-se uma realidade moral quando se parte do princípio de que é o outro que precisa e não do princípio de que se quer ser justo e só por isso se toma a iniciativa de ajudar ou cuidar. Há um motivo mais forte para que isso aconteça.

O cuidado é uma ação que admite duas atitudes interligadas: atenção e dedicação ao outro. Alguém manifesta que sabe cuidar por meio da atenção às necessidades dos outros. Jesus explica e ensina isso quando lhe perguntam: "Quem é meu próximo"? A urgência de ir em busca de quem precisa encontra-se claramente na parábola do Bom Samaritano. Próximo não é somente alguém que se tem ao lado, mas aquele de quem se aproxima para ajudá-lo, porque lhe ama. Esse modo de considerar o cuidado implica a atenção, o vigiar, o perceber conscientemente. Mas o que é ser cuidadoso?

Ser cuidadoso não significa controlar, mas ter a capacidade de perceber os movimentos que existem ao redor. As relações dos seres humanos entre si e sua interação com o meio dependem da acolhida do mistério do humano como imagem de Deus e da dignidade da vida humana. A arte de cuidar depende do olhar que se lança sobre o outro e sobre a realidade. Cuidar do humano é um ato divino, pois, quando o humano manifesta seu interesse pelo outro, pelo cosmos e age de modo cuidadoso, torna-se mais semelhante ao Criador.

No texto sagrado, Sl 23,1, o cuidado de Deus para com a criação se expressa por meio da representação do Bom Pastor. Jesus de Nazaré definiu sua ação no mundo como o Divino Criador: "Eu vim para que todos tenham vida e vida em abundância (Jo 10,10). As religiões, especialmente a cristã, têm em sua origem e seu fundamento o cuidado com a vida em todas as suas dimensões.

Uma teologia do cuidado implicaria reciprocidade, respeito, capacidades de reflexão e, especialmente, de corresponsabilidade na formulação dos objetivos, no desenvolvimento das atividades e na avaliação do processo como um todo. O processo de discussão, análise e corresponsabilização depende de vários fatores, dentre eles, comunicação clara, respeito ao próximo, escuta atenta e ativa (ouvir e ser ouvido), exercitar a coordenação de pontos de vista diferentes daqueles que inicialmente se acredita, o exercício da alteridade, no qual cada sujeito pode refletir sobre os papéis que o outro desempenha na construção da convivência, dos valores humanos, nos conflitos e suas formas singulares de resolução.

Para uma aproximação de uma teologia do cuidado e buscar responder ao problema que norteia este trabalho: A formação teológica contribui para um desenvolvimento da moralidade que ultrapasse a centralização puramente racional na prática da justiça? Do ponto de vista teológico, adotaram-se aqui três referenciais do método empregado por Marciano Vidal (1995): o primeiro deles é o que recorre à Moral Bíblica e às Ciências Humanas possibilitando um diálogo que implica um desenvolvimento moral que remete à antropologia revelada a qual nos dá a noção de justiça do ser humano: sua criação à imagem e semelhança de Deus e, em decorrência disso, sua chamada à participação da vida em Deus. Daí decorre a proposta de uma moral que caminha para a autonomia-teônoma (teonomia), que transcende a razão ao ir além da capacidade de compreender e se direciona para uma moral preocupada com o sentido comunitário e eclesial de Cristo a serviço do bem de todo o Corpo Místico. Com efeito, à medida que se chega à referência da fé anunciada por Jesus; o segundo referencial é o que Vidal (1981) recorre às Ciências Humanas e conta com os recursos da Psicologia para realçar a dimensão psíquica, que favorece a ampliação da estrutura mental do ser humano e permite identificar elementos para uma análise de seu comportamento e desenvolvimento integral.

Com base nesse aspecto, serão extraídos da teoria cognitivo-evolutiva os princípios pedagógicos que norteiam uma prática fundamentada na pedagogia de Jesus. Isso se justifica pela própria constatação do autor ressaltar a teoria cognitivo-evolutiva da conduta moral como a mais eficiente em propostas educacionais do sentido moral (VIDAL, 2008, p. 29). O terceiro referencial ao qual o teólogo recorre é o de levar em consideração a Filosofia que enfatiza os aspectos racional e reflexivo da consciência moral, o que confere significado existencial da autonomia na constituição do sujeito moral. Para isso partiremos do referencial de Heidegger, no qual a noção do cuidado e do cuidar não se reduz a boas intenções, à prática de estancar carências pontuais como reação a um ato de bondade, mas como princípio de responsabilidade, como "modo de ser", que tem uma implicação direta no comportamento e no modo como o *Dasein* compartilha o mundo, para que isso transcorra também no âmbito teológico, que considera insuficiente a abordagem do cuidado como ações relacionadas com boas intenções, para superar carências pontuais, e que propõe um cuidado fundamentado nos "modos de ser" do ser humano de acordo com o significado teológico.

Tendo em vista o exposto, essa pesquisa caracteriza-se metodologicamente pela passagem de uma moral racionalista para uma moral fenomenológica.

Tal mudança metodológica se justifica pelo fato de que a proposta de uma moral fenomenológica favorece um viver por meio da fé expressa e mais bem compreendida a partir dos ensinamentos de Jesus, possibilitando um autêntico acesso a ele, o que permite um caráter histórico da vivência do cuidado como educação moral por meio da teologia que "se movimenta a partir de dentro do cristianismo, engendrando e sendo engendrada por seu desenvolvimento historial" (PIPER, 2015, p. 109).

Já tendo evidenciado em estudo anterior (MORAES, 2016) a eficácia de uma moral racional, científica, evolucionista, querem se destacar agora o lugar e a relevância, bem como as vantagens de uma moral fenomenológica, evidenciando que não se excluem, mas podem caminhar juntas, justamente porque a racionalidade e os caminhos intelectualistas são necessários, mas não suficientes para uma educação moral.

A moral teológica busca fundamentar-se para além de uma explicação racional, em dados de vivência da fé, que se manifesta fenomenologicamente em fatos hermenêuticos presentes na realidade, como afirma Gonçalves (2014, p. 935): "a hermenêutica concentra-se na vida, enquanto se manifesta como um todo aberto, dinâmico e passível de interpretações em função do dinamismo existencial do próprio homem".

Por meio das ações de Jesus, notamos o que é muito próprio da teologia cristã, a capacidade de resgatar e resguardar fontes de experiências e vivências do ponto de vista da fé, estabelecidas na relação com seus discípulos.

A teologia resguarda a originalidade da experiência religiosa, tornando-a um modo de compreensão. Isso favorece que o desenvolvimento moral transcenda, possa ir além da racionalidade, do possível controle de variáveis, das etapas sucessivas, hierárquicas e universalidade cientificamente comprovadas. Nada disso impede ou se opõe à proposta de reconhecer, por meio da moral teológica, a possibilidade de um caminho de educação moral como cuidado, que possui vantagens a partir da pedagogia de Jesus por se encontrar no campo de uma moral fenomenológica.

A abordagem fenomenológica como metodologia neste trabalho se justifica, ainda, pelas vantagens de uma educação moral como cuidado, em relação aos caminhos intelectualistas e de uma moral racionalista.

Primeiramente, destaca-se como vantagem o viés fenomenológico dos fatos, que não só aborda, mas também contempla a dimensão pré-teórica, o que permite que, somente depois do fato, da vivência do fenômeno, se lide com a conceituação. Segundo Kirchner e Provinciatto (2017), Heidegger dá a isso o nome de *positun*, ou seja, trata-se de uma realidade que se encontra de antemão, em um modo pré-científico no acesso ao ente e que se manifesta de um modo ainda não ciente na existência, na historicidade, ou ainda, em outras palavras, como algo que se pode expressar antes de uma apreensão teórica.

Daí decorrem outras vantagens, como a amplitude do campo de possibilidades e não somente ao que diz respeito a variáveis que se podem selecionar, para considerar ou direcionar o processo de desenvolvimento, e que precisam ser controladas para que se alcance o resultado esperado e eficaz na educação moral, como, por exemplo, regras, fórmulas, etapas, dogmas.

Outra vantagem é a possibilidade de evidenciar que cada pessoa é única, peculiar e se manifesta em uma dinâmica diferente; assim é necessário partir da realidade de cada um e não de um grupo. A ação de Jesus, por exemplo, é algo sempre novo porque respeita a pertença histórica de quem se aproxima dele, o modo de ser, o tempo diferente de que cada um precisa para realizar seu caminho de desenvolvimento. Jesus considera o que já está presente na pessoa, mesmo que desprovido de conceitos.

É no âmago da ação moral de Jesus que se encontra o destaque de outra vantagem em uma proposta fenomenológica para a educação moral como cuidado. Para ele em primeiro lugar está a pessoa, sua história, o que ela traz consigo, sobretudo a fé que permite uma experiência crística, como expressa Santos (2016, p. 293): "o fenômeno religioso pré-teórico, ou seja, alguma coisa que não se pode reduzir a fórmulas prontas, ou fixar em palavras ou dogmas", e não outras preocupações eventualmente técnicas.

Jesus inverte o foco valorativo: antes a pessoa e depois o problema; antes a relação com a pessoa a qualquer julgamento; primeiro o processo, o caminho a ser percorrido que o resultado a ser adquirido.

Este livro está organizado da seguinte forma: o item I destina-se a tratar da teologia do cuidado como um "modo de ser". Nele são apresentados conceitos filosóficos heideggerianos, que fundamentam tal escolha, bem como é realizada uma breve trajetória a respeito da Moral desde a antiguidade, que aponta para algumas evidências de que há princípios comuns que norteiam uma consciência moral em diversas religiões evidenciando que a razão é necessária, mas não suficiente, o que indica um possível transcender da moral. Buscam-se referências nas ações pedagógicas de Jesus ao mostrar sua preocupação com uma ação moral destinada para o cuidado.

Os princípios pedagógicos extraídos da teoria cognitivo-evolutiva fundamentados na pedagogia de Jesus, que contribuem para uma ação de uma teologia do cuidado, inclusive no que diz respeito ao próprio processo de aprendizagem da Teologia, constam no item II.

No item III, foi analisado como a formação teológica contribui para um desenvolvimento moral. Isso foi realizado por meio de uma análise metodológica Hermenêutico Dialética do conteúdo de autoavaliações dos alunos da disciplina Antropologia Teológica. Vale ressaltar que faz parte do Projeto Pedagógico da Pontifícia Universidade Católica de Campinas oferecer para todos os cursos de graduação as disciplinas Antropologia Teológica A, B e C, por meio da Faculdade de Teologia. Vale ressaltar que a partir de 2021, com a reformulação do Plano de Ensino do

Componente Curricular, as três disciplinas passaram a se chamar: Teologia e Fenômeno Humano, Ética e Antropologia Teológica e Teologia e Sociedade.

Tal iniciativa vai ao encontro da identidade Católica da Universidade, que, também, a partir de conceitos teológicos, busca favorecer a abertura para uma relação de transcendência e comunhão na comunidade acadêmica. O estudo teológico, portanto, visa a um engajamento crítico, pela reflexão e ação dos alunos, a partir do diálogo entre fé e ciência, na perspectiva de contribuir para uma formação integral. Entende-se que, assim, sejam oferecidas oportunidades de desenvolvimento e construção de iniciativas, como: defesa e promoção da vida por meio de uma ética teológica, na perspectiva do diálogo com as diversas tradições religiosas, nas diferentes áreas do conhecimento humano. Além disso, são apresentadas as considerações finais, nas quais constam implicações pedagógicas para uma formação teológica necessária para a Ética do cuidado.

1

A TEOLOGIA E O CUIDADO VOLTADO PARA O "MODO DE SER"

1.1. O pensamento fenomenológico de M. Heidegger

Para esclarecer que a noção do *Cuidado* e do *Cuidar*, proposta neste livro, não se reduz à via da programação técnica e profissionalizante ou, ainda, como consequência de uma gestão de recursos que tem como decorrência a assistência a todo tipo de desamparo como finalidade, toma-se como referência o pensamento fenomenológico de M. Heidegger. Nesta obra, a noção do "Cuidado", enquanto busca de bem-estar, a partir da administração pragmática dos bens comuns, do trabalho, da cultura, da educação enquanto empresa e gestão, não condiz com o que se quer ressaltar como "Ética do Cuidado".

Na obra Ser e o Tempo (2007), encontra-se o pensamento fenomenológico de Heidegger em relação ao "Cuidado", o qual possibilita uma maior proximidade do exercício da atenção como abertura ao ser por meio da reflexão sobre o significado ontológico do cuidado como contribuição de uma via formativa da Educação e não da via tradicional tecnológica-pragmática, expressão da modernidade como ressalta Bernard Stiegler (2007):

"educar a população seja formá-la a ela própria para tomar cuidado dela própria e dos outros, e não só deixá-la receber cuidados dispensados por um poder, qualquer que seja, e em nome de alguns saberes, quaisquer que eles sejam" (STIEGLER, 2007, p. 170-171).

A contribuição do pensamento heideggeriano nesta pesquisa consiste em direcionar nossa atenção para o contexto que M. Heidegger dá ao termo "Cuidado", que transparece no Mito de *Hyginus,* partindo então de uma pré-compreensão da natureza filosófica do Cuidado, valendo-se da leitura e de alguns apontamentos importantes. Também é importante adentrarmos no contexto da Analítica Existencial de *Sein und Zeit,* "Ser e o Tempo", para introduzir seu conceito de *Sorge* como "Ser do *Dasein*" ontologicamente estruturado na e pela *Zeitlichkeit,* Temporalidade.

Reproduzo aqui, no essencial, o Mito de *Hyginus*:

> Cuidado, ao atravessar um rio, viu uma massa de argila e, mergulhado em seus pensamentos, apanhou-a e começou a modelar uma figura. Enquanto deliberava sobre o que fizera, Júpiter apareceu. Cuidado pediu que ele desse uma alma à figura que modelara e facilmente conseguiu. Como Cuidado quisesse dar o seu próprio nome à figura, Júpiter proibiu e ordenou que lhe fosse dado o seu. Enquanto Cuidado e Júpiter discutiam, apareceu Terra, a qual também quis que o seu nome fosse dado, a quem ela dera o corpo. Escolheram Saturno como juiz e este equitativamente assim julgou a questão: "Tu, Júpiter, porque lhe deste a alma, Tu a receberás depois da tua morte. Tu, Terra, porque lhe deste o corpo, Tu o receberás depois que ela morrer. Todavia, porque foi Cuidado quem primeiramente a modelou, que ele possua enquanto ela viver. E, agora, uma vez que, entre vós, existe uma discussão sobre o seu nome, que ela se chame Homem, porque foi feita do *humus* (da terra) (HEIDEGGER 2001, p. 197-198).

Nesse Mito se encontra uma pré-compreensão da natureza do "Cuidado" como escultor do Homem. Trata-se de uma dimensão simbólica. O conteúdo revela um modo de compreensão e inteligibilidade diferente da do conhecimento racional e filosófico. Os elementos que entram na composição do "Cuidado", o corpo e a alma, foram dados por Terra e Júpiter, mas a estrutura fundamental desse composto humano tem o selo do "Cuidado", pois foi ele que o modelou. A condição humana não é cunhada pelo espírito, nem pelo corpo, que lhes são emprestados durante a vida e que, com a morte, se dissolvem ou retornam para quem os emprestou (Terra e Júpiter), mas fundamentalmente por aquilo que lhe deu forma, o "Cuidado", que a mantém em vida.

Esse tipo de conhecimento, que precede o conhecimento racional e filosófico, essa pré-compreensão é reconhecida pela Antropologia Filosófica como uma modalidade do conhecimento transmitido pela linguagem dos símbolos, como afirma Vaz (1991).

Vários filósofos apontam para a riqueza e importância desse tipo de conhecimento, o simbólico.

Dentre eles Merleau-Ponty (1954) descreveu a respeito da experiência que, antes de ser pensada ou cientificamente elaborada, é primeiramente vivida. Como ressalta o filósofo, o homem vive, vê, maravilha-se diante das paisagens, montanhas, dos vales e rios e só depois escreve seus livros de geografia. E, ainda, o mundo "qui est déjà-là", "que já está ali" não se constitui por meio de pensamentos, ele é o meio natural de todos os pensamentos, sonhos, todas as fantasias criadas pela imaginação criativa humana; nesta experiência, o homem começa a existir.

Paul Ricoeur (1960) alerta que "le symbole donne à penser", isto é, "o símbolo faz pensar". O filósofo esclarece que, embora no símbolo tudo seja dito em forma de enigma, é uma linguagem que pode e deve ser trabalhada depois no campo do pensamento racional e filosófico.

Articular dois registros epistemológicos tão diferentes e distintos modos de conhecimento e de inteligibilidade é, provavelmente, um problema central da Hermenêutica que, a partir de uma pré-compreensão do que é dito na linguagem do Mito, do simbólico, elabora uma compreensão filosófica dessa linguagem e possibilita que a filosofia se revigore no contato com o símbolo.

A componente filosófica do pensamento fenomenológico de M. Heidegger em "Ser e Tempo" e sua tradição se justificam como ponto de partida para esclarecer a estrutura do "Cuidado", a fim de que possamos adiante instaurar uma visão ética de todos os atos a propósito da definição do humano mediante o Cuidado (Cura) e a pertença. Não no âmbito das boas intenções, na prática de estancar carências pontuais como uma reação a um ato de bondade, mas como princípio de responsabilidade, que tem uma implicação direta no comportamento e no modo como o *Dasein* compartilha o mundo para que isso transcorra também no âmbito teológico.

Para isso se faz necessário esclarecer alguns conceitos. Primeiramente sobre o *Dasein*, que significa para Heidegger não só o ser humano, mas também o tipo de ser do ser humano, ou seja, visto como radicalmente distinto do ser de outras entidades do mundo. O ser humano se distingue dos outros entes pela capacidade de significar o mundo e não é concebido como um ser simplesmente dado, mas apresenta-se como acontecimento temporal e verbal. Na tentativa de entender melhor, assim como quando utilizamos o verbo no gerúndio (forma nominal muito utilizada na língua portuguesa no Brasil), que oferece o sentido de destacar o acontecer do verbo, para Heidegger (2007, p. 22) são a temporalidade e a temporalização do acontecer: o dizendo do dizer, o pensando do pensar, o sendo do ser.

Desse modo o ser humano não se constitui como um mero objeto dentre os outros e, como está fundado na liberdade, ao transformar o mundo, transforma-se a si mesmo. Existe uma relação fundamental do ser humano com os outros.

Outro conceito importante é a *Sorge* (cuidado). Trata-se do modo de "ser do *Dasein*", sem o qual não haveria ser humano. Assim, o cuidado, do ponto de vista heideggeriano, é o modo mais completo de designar o "ser do *Dasein*", porque concebe o cuidado como um *a priori*, isto é, está presente antes de qualquer atitude ou ação de cuidar e, ao mesmo tempo, encontra-se em toda atitude e ação de cuidar. Michael Inwood (2002), no Dicionário de Heidegger, sintetiza o conceito de "cuidado" nas três palavras que se inter-relacionam: *Sorge* (cuidado), que surge como modo básico de "*ser do Dasein*", estando presente na *Besorgen* (ocupação) e na *Füsorge* (preocupação) como inseparável destas, além de ser membro dominante da tríade.

Partir da compreensão heideggeriana de *Sorge* significa contar com um fundamento que enriquece o conceito de "cuidado" com vistas a sua aplicação na Teologia.

No contexto desta proposta, é muito apropriada uma metáfora utilizada por Heidegger: "O ser humano não é o senhor do ente. O ser humano é o pastor do ser. Nesse 'menos' o ser humano não só não perde nada, como ganha por chegar à verdade do ser. Ganha a pobreza essencial do pastor, cuja dignidade consiste em ser chamado pelo próprio ser para o cuidado de sua verdade" (HEIDEGGER, 2006, p. 25ss.). O autor expressa que o cuidado é tão constitutivo do ser humano que o tipo de relação que este estabelece, o modo como cuida e resguarda o distingue de outros entes. A condição de "pastor do ser" não é uma função de reger e manipular do *Dasein*, mas de colocar-se à escuta do ser, pois a "pobreza essencial do pastor" designa sua atitude efetivamente cuidadora e não dominadora.

Existe uma possível ambiguidade entre o sentido do termo "cuidado" na língua alemã e na francesa ou portuguesa. Por isso é importante esclarecer que a tradução mais comum entre os estudiosos de Heidegger, inclusive no Brasil e em outras culturas de línguas latinas, do termo *Dasein* é "ser aí", porém para esta publicação será considerada a expressão "ser o aí" porque condiz com o sentido que se quer dar ao termo "cuidado". Considerar *Dasein* como "ser aí" pode dar margem a más compreensões, como, por exemplo, que o cuidado, modo de ser do *Dasein*, seja colocado dentro do outro. A expressão "ser o aí" mostra melhor que o cuidado está lá como constitutivo e não é colocado lá, como pode dar a entender a expressão "ser aí". A escolha por essa expressão se justifica porque o próprio Heidegger (2009, p. 159) legitima tal uso quando sugere que *Dasein* seja traduzido para o francês como *"être le là"*, ou seja, "ser o aí", em português. Isso evidencia que o significado do "cuidado" na língua alemã pode se diferenciar do significado da língua francesa ou portuguesa.

Faz parte da natureza do cuidado dois modos intimamente ligados. O primeiro, a ocupação. Trata-se da solicitude, da diligência, o que faz com que alguém se coloque com atenção para com o outro. O segundo, a preocupação. Ocorre quando há uma inquietação no sentido de responsabilidade. Assim, entende-se que o cuidado sempre acompanhará o ser humano porque este nunca deixará de amar e de se desvelar por alguém (primeiro sentido), nem deixará de se preocupar e de se inquietar pela pessoa amada (segundo sentido), como nos lembra Boff (2014).

Há, portanto, no "ser do *Dasein*" a constituição de um colocar-se de modo diferenciado diante das situações concretas, diante dos outros entes (seres humanos e ao próprio mundo), chamando para um movimento de decisão. E o ato de colocar-se de modo diferente é uma postura de caráter ético/moral. A situação hermenêutica em que o ser está no mundo o coloca em uma abertura que não é uma espécie de ética ou moral, mas revela o ser humano como ético e moral no modo em que se está nessa abertura.

Assim, entre os benefícios e os riscos da situação na qual estamos envolvidos é fundamental encontrar o lugar da ética, do sentido da vida, do ato de cuidar, e a Teologia Moral se insere nesse quadro em que se instaura um clima propício ao crescimento na adesão a Jesus Cristo, ao redescobrirmos a maleabilidade do amor, da força da graça, da misericórdia.

1.2. Em busca de uma moral que ultrapassa a racionalidade: uma teologia do cuidado

A moralidade desperta o interesse desde a antiguidade e foi objeto de estudo de grandes filósofos antigos. Em suas obras, encontramos as origens das concepções sobre a moral. Em sua obra intitulada Ética a *Nicômaco,* Aristóteles (384-322 a.C.) define moral como sendo a busca do bem e da felicidade.

Foram os filósofos gregos que sistematizaram as primeiras reflexões sobre a moral e definiram uma concepção moral reflexiva, a partir de concepções humanas, baseando-se no pressuposto de que a moral é constituída por virtudes passíveis de serem alcançadas quando o homem é ou torna-se sábio.

Segundo Vázques (2002), a palavra moral origina-se do latim "mos", "moris", que significa "maneira de se comportar regulada" e de "moralis", "morale", que faz referência ao que é "relativo aos costumes".

No campo da Filosofia, destacam-se também as obras de Emmanuel Kant (1724 - 1804), filósofo alemão. Para ele a verdadeira moral é a que se baseia no dever de agir de acordo com os princípios universais. Isso está explicitado em sua afirmação: "Age apenas segundo uma máxima tal que possas querer que ela se torne lei universal" (KANT, 1785/1980, p. 129). Trata-se do imperativo categórico moral, que emana da razão pura e prática, independe de experiências anteriores ou de quaisquer consequências externas ou internas, imediatas ou não.

Pode-se entender melhor considerando-se a seguinte situação: se um adolescente deixar de agredir um colega na escola pelo motivo de que poderá ser levado para a diretoria, não haverá nessa situação valor moral, pelo fato de o aluno ter agido de tal maneira por medo de uma possível punição. Se o aluno decidisse não agredir o colega, entendendo que a não agressão pode ser uma "lei universal", aí então haveria valor moral.

Esse exemplo nos lembra que para Kant (1974) existem duas tendências morais que guiam as ações dos sujeitos e determinam suas relações com as regras, normas e leis: a heteronomia, que pode ser entendida como a obediência cega às regras, sem ter consciência de seu significado, e a autonomia, quando se faz uso das regras que o próprio sujeito constrói baseado em princípios de igualdade. Por isso, para Kant, agir moralmente bem não é, necessariamente, o mesmo que agir conforme as regras determinadas pela sociedade. É o caso, por exemplo, do jovem que devolve para o dono o relógio que encontrou, com receio de que alguém possa vê-lo usando-o. Observa-se aqui que o motivo da devolução não foi a norma de restituir o objeto à pessoa que o perdeu, mas sim o fato de que alguém poderia saber que ele não fez o que deveria ter feito.

Pesquisas mostram (VASQUEZ, 2002) que moral e religião caminham juntas desde o início até os dias de hoje, por isso não é fácil diferenciá-las em seus conceitos, pois estão profundamente ligadas a deveres. Tanto a prática de uma como a de outra surgiu quando o ser humano, ao superar sua natureza instintiva e passando a fazer parte de uma coletividade, assumiu uma natureza social, na qual a comunhão, a coesão, a adesão às regras do grupo, a ligação entre as pessoas por meio de criação de vínculos, práticas muito comuns na experiência religiosa, tornaram-se fundamentais para a sobrevivência em comunidade. Assim, as evidências de práticas religiosas e morais, mutáveis com o tempo no decorrer da história, caminham juntas, por muitos momentos compartilhando valores.

Um breve itinerário histórico pode contribuir para elucidar a estreita ligação entre moral e experiência religiosa.

O ser humano é um ser moral, como já ficou evidenciado anteriormente, porém chegar a essa percepção e competência não é algo fácil, porque a evolução para o aprimoramento dessa capacidade não se dá naturalmente, ao contrário, só pode ser conquistada, construída. Para que isso aconteça, a educação desempenha um papel fundamental.

Ao retroceder nossa atenção para a época da tradição oral, que representa uma profunda experiência interior e religiosa, de aproximadamente 3.000 a.C, encontraremos uma encantadora história bíblica muito lembrada nos dias de hoje.

Rollo May (2012) nos recorda do fascinante mito de Adão, escrito no livro do Gênesis, que retrata o modo primitivo do povo da Mesopotâmia e se torna símbolo da evolução humana, tomando como referência não o tempo cronológico, mas uma evolução que nos remete à primeira infância quando somos cercados de cuidados, carinho e conforto, sem a autopercepção dos conflitos, centrados em nós mesmos, sem seguir regras coletivas, período popularmente chamado de inocência, no mito, representado pelo paraíso. O fato de Adão ter comido do fruto proibido foi o que lhe proporcionou o conhecimento do certo e do errado. Marca-se, nesse instante, uma evolução para os humanos, que atingem uma característica, que, até então, era somente de Deus, e cumpre-se o que é dito no relato da criação, no qual lemos que Deus criou o ser humano a sua imagem e semelhança, em relação à liberdade, criatividade e consciência moral.

Disso se poderia arriscar dizer que, até certo ponto, a criação do ser humano se deu não da criação de Adão, mas quando, transgredindo e comendo do fruto proibido, passou a fazer a distinção entre certo e errado. Com a rebeldia e desobediência à divindade, Adão faz o ser humano saltar, ultrapassar e, portanto, transcender suas próprias limitações, apresentando-se com uma transgressão construtivista e que pode ser considerada "start", em que marca a possibilidade do início da autonomia em meio aos conflitos a serem enfrentados e superados fora do paraíso, isto é, da proteção.

Nota-se uma manifestação do ser humano, que evolui em meio a crenças religiosas e dogmáticas e rígidos costumes de instituições, que conservam valores do passado por meio de uma tradição oral, na qual se manifesta a moral ajustada aos padrões de um grupo ao mesmo tempo de ser considerado como capaz de ser uma pessoa "boa" por obedecer aos ditames da sociedade, da qual faz parte, mas com a aquisição de uma visão crítica passando a racionalizar tais tendências. Se Adão não tivesse transgredido, nunca teria sido expulso do paraíso e jamais teria iniciado uma trajetória em busca de sua autonomia.

Camparato (2006) esclarece que a moralidade, até aproximadamente o séc. II a.C, estava pautada em costumes e práticas religiosas mais éticas e menos rituais ou fantásticas, buscava-se uma experiência transcendental ao desenvolver uma veneração aos antepassados como modelo ético para as novas gerações, que nos remete a um período em que se enunciaram grandes princípios, diretrizes fundamentais da vida, que se encontram em vigor até hoje.

Ainda nesse período, surgem as primeiras religiões universais e monoteístas. O monoteísmo revoluciona a experiência religiosa porque substitui a imanência dos deuses mitológicos pela transcendência da divindade.

Camparato (2006) lembra que, relacionado com a moral, o monoteísmo introduz um critério absoluto para o julgamento das ações humanas. A fonte legítima da justiça passa a ser o Deus único, criador do universo, e, por meio da Torah[2], apresentou-se essa novidade, um código moral universal, mesmo que dirigido a um povo específico, o de Israel. Desse modo, nota-se que Deus não é apenas a proclamação de um dogma, mas prega, antes de tudo, normas imperativas de condutas a serem seguidas nas mais diversas situações da vida. Trata-se de uma inovação histórica no campo da moral pelo fato de estabelecer padrões de conduta individual para orientar as leis e os códigos das ações substituindo a responsabilidade de práticas de delitos do âmbito familiar

[2] Texto que constitui o núcleo do Judaísmo e contém as leis e os mandamentos para orientar o povo de Israel, que, por volta de 1500 a.C., teria sido entregue a Moisés. No Cristianismo é chamado de Pentateuco porque constitui os cinco primeiros livros da Bíblia.

para o individual. A afirmação do indivíduo como sujeito responsável é fundamental para uma evolução moral da humanidade.

Com a emergência do Cristianismo, embora tenham se mantido as referências do Judaísmo, percebe-se, por meio de relatos evangélicos, que Jesus reconhece historicamente a importância de estabelecer limites em uma sociedade de mentalidade primitiva, mas se posiciona contra uma tradição punitiva. No que diz respeito à lei de talião, por exemplo, Jesus propõe a construção de uma sociedade comunitária, em que todos, irmanados, pudessem buscar um destino comum, o "Reino dos Céus". Para ele, todas as leis e todos os mandamentos resumem-se em dois: "Amar a Deus de todo o coração, toda a alma e todas as forças" e "Amar o próximo como a si mesmo". Encontramos aqui algo relacionado com a insatisfação com os limites da razão manifestada por meio da transcendência. Trata-se de reconhecer que as experiências humanas não se fundamentam única e exclusivamente nas articulações lógicas. Transcender aqui quer significar ir além de nossa racionalidade sem negá-la, ou seja, a razão é necessária, mas não suficiente, o que sugere um avanço para além de nossa capacidade de compreender. Como evidencia Castillo (2010, p. 25, 27, 28), ao afirmar que Deus não está a nosso alcance, por isso não podemos conhecê-lo tal como é, desse modo, transcender é o que podemos fazer diante de tal profundo e insondável mistério. A partir desse reconhecimento, deparamo-nos com uma ética fundamentada na fé em Deus, anunciada por Jesus.

Citando as grandes religiões que estão mais presentes em nossa realidade, nota-se um princípio comum que fundamenta uma consciência moral que já aponta para ir além da racionalidade, tão necessária, mas não suficiente. Sobre isso, por exemplo, afirma Confúcio (551-489 a.C):

"O que não desejas para ti também não o faças aos outros". No Judaísmo (Rabi Hillel, 60 a.C-10 d.C), o mesmo princípio aparece em formulação negativa: "Não façais aos outros o que não queres que façam a ti". Jesus de Nazaré (Mt 7,12; Lc 6,31) apresenta em forma positiva: "O que quereis que os outros vos façam, fazei-o vós a eles". No Budismo (Samyutta Nikaya V, 353.3-342.2) encontramos a seguinte formulação: "Um estado que não é agradável ou prazeroso para mim não o será para o outro; e como impor ao outro um estado que não é agradável ou prazeroso para mim?" E, ainda, no Islamismo: "Nenhum de vocês é um crente a não ser que deseje para seu irmão o que deseja para si mesmo". Além disso, notam-se nas religiões convergências fundamentais, como o dever de socorrer e proteger em qualquer circunstância os pobres, fracos e oprimidos. Todas elas possuem o elemento teológico da salvação, oferecendo e buscando caminhos nas situações de sofrimento, penúria, como corresponder a uma vida a fim de alcançar a libertação do sofrimento, uma felicidade duradoura, constante e eterna.

Nota-se um significativo cuidado com a vida, especialmente com os vulneráveis e sofridos. Isso favorece um comportamento ético fundamental porque busca orientar a vida das pessoas para o caminho da sensatez, do equilíbrio entre o legalismo e a libertinagem, a centralidade do amor. Vale destacar que esses elementos teológicos das religiões não são abstratos, mas constituem em um "modo de ser" de pessoas que apresentam uma proposta comprometida com a vida de Buda, Jesus de Nazaré, Confúcio, Lao-Tse ou Maomé. Portanto não se esgotam no espaço sagrado, mas têm seu lugar no coração da vida, por meio, não somente de máximas e atitudes éticas, mas também de pessoas exemplares supracitadas e tantos mestres, santos e santas, justos e justas, que viveram dimensões radicais de humanidade e que apontam para o sentido último de todo ser humano: a vida, a plenitude, a ressurreição, a perpetuidade, a bem-aventurança.

Pelo fato de nem sempre se conseguir garantir que as práticas religiosas cumpram realmente o que as religiões indicam, serão buscados, em sequência, alguns caminhos para ao menos amenizar esse distanciamento entre aquilo que se fala e o que se faz. O objetivo desse breve percurso histórico foi clarificar o quanto a moral e a religião estão relacionadas e tornam-se praticamente inseparáveis em suas origens e no decorrer de seus desenvolvimentos, bem como a importância dos elementos teológicos envolvidos nessa relação. A seguir percorreremos um itinerário a partir das ações de Jesus de Nazaré, que pode ser nosso hoje tendo em vista uma Teologia do Cuidado.

1.3. O caminho pedagógico percorrido por Jesus de Nazaré

Baseia-se aqui na afirmação de que Jesus Cristo é a "imagem e semelhança de Deus" (Cl 1,15), portanto é o referencial da representação revelada de Deus, isto é, dada a conhecer por meio de suas palavras e ações, que se pretende referenciar o "cuidado" como "modo de ser".

A alusão sobre a qual, por Jesus, Deus trouxe a salvação e a vida a este mundo, por meio de sua própria humanização, é o caminho escolhido neste livro como contribuição a quem deseja realizar o mesmo itinerário do despertar na direção da teologia do cuidado.

Com a finalidade de mostrar que a ação divina, criação/salvação, implica uma moral humana do cuidado, contaremos com os aspectos teológicos explicitados por

Fabri (2012), que nos ajuda a partir de uma fundamentação teológica da criação e da salvação, em termos de cuidado da parte de Deus para conosco, e a reconhecer no ser humano sua condição de ser incompleto, que se forma historicamente por meio de relacionamentos. A pessoa humana é histórica e inacabada, e a relação criação e salvação, como conceito teológico, contribui para uma compreensão do cuidado como um movimento constante, para toda a vida.

Se por um lado notamos o paradigma de um Deus soberano, criador, que zela por seu poder, a quem as pessoas têm total submissão, por outro o que tomamos como fundamentação teológica é o Deus criador, amigo, que ensina seu caminho de Salvação e Vida, em um ambiente de confiança e liberdade. Esses dois paradigmas estão presentes nas Sagradas Escrituras, e Jesus escolhe a representação de Deus Pai, dentro de uma família de discípulos, seguidores, chamada a ser guiada sob a liberdade de amar e viver a compaixão.

O referencial teológico na relação criação e salvação mostra que a ação divina do cuidado implica uma moral humana vista como possibilidade de salvação para todos.

A narração da criação no livro de Gênesis nos coloca diante da ação de Deus, que cria tudo para que seja oferecido ao ser humano, homem e mulher, o necessário para viver. Trata-se de um ato de cuidado do Criador para que a terra nos ofereça o que necessitamos para nossa sobrevivência. E nós, temos oferecido para a Terra cuidado semelhante? Diante de tanta destruição e agressão, como fica esse pacto, criação e salvação, iniciado por Deus? As respostas para essas perguntas envolvem uma questão moral e ética.

Para considerarmos a pedagogia de Jesus, é importante partirmos também do aspecto teológico presente na relação criação e salvação, manifestada no tempo do *Kairós*[3], nesse caso, o segundo Adão, o Salvador, Jesus, que já existia no tempo do primeiro Adão. Isso nos lembra que temos dois modelos da teologia da criação: a que trata da queda do paraíso perdido, que pode nos remeter à culpa, da qual somos redimidos, e a que propõe a Salvação, que nos remete à misericórdia como algo que brota de dentro, indica-nos a plenitude e a criação em Cristo, referência escolhida para esta obra.

A proposta pedagógica de Jesus é o caminho da Salvação. Diz respeito à adesão ao Amor, é envolvente, interativa. Possui exigências para serem vividas por seus discípulos. Isso significa dar passos de um modo dialógico porque explicita a seus discípulos a vocação, que supõe a liberdade e não mais uma prescrição judaica. É uma passagem da obediência para a dimensão experiencial do amor e do cuidado.

Jesus considera um sujeito em sua ação moral, a quem ele quer ensinar. Sua pedagogia considera a pessoa que deseja ser discípulo, na liberdade, com possibilidade de escolha, que experimenta primeiramente o amor de Deus, por isso ama, emociona-se e, somente a partir daí, passa para uma experiência cognitiva. Ele forma discípulos e, portanto, atribui uma iniciativa de amor porque oferece liberdade e não imposição. Isso implica uma superação, um rompimento com a teologia da queda no que diz respeito à epistemologia da criação. A pedagogia de Jesus é difícil de ser entendida sem considerar tais pressupostos teológicos na relação criação e salvação.

Do ponto de vista moral, a proposta é trabalhar os valores ensinados por Jesus, que supõem o bem comum e, portanto, podem ser chamados de sócio morais. Dentre

[3] Termo usado para descrever a forma qualitativa de tempo, como uma ocasião favorável para se desenvolver, tornar-se mais humano, enquanto khronos é de natureza quantitativa.

eles, segurança, integridade, defesa da vida, dignidade, respeito, que se contrapõem a valores não sócio morais, como o poder, a glória, a imagem, *status*, a grandeza, o triunfo. Colocar em evidência a preocupação com uma ação moral que se fundamenta na fé no Deus, que Jesus Cristo anunciou e, que, portanto, manifesta uma insatisfação com os limites da razão, reconhecendo-a como necessária, mas não suficiente.

Assim, buscam-se oferecer alguns elementos para os que, livremente, queiram construir e organizar sua vida na convivência com os demais em uma relação de cuidado.

Uma primeira etapa de tal construção pode ser ultrapassar a iniciativa a partir da compreensão do "dever", que supõe a obrigação, em direção à necessidade (CASTILLO, 2010, p. 59-60).

Castillo (2010, p. 138) evidencia que, historicamente, as experiências relacionadas com as proibições e os mandatos possuem uma força insignificante no que tange a oferecer mudanças na vida das pessoas, sobretudo quando relacionadas com as sanções, chamadas por ele de "transcendentes", ou seja, que ninguém pode verificar e, por isso mesmo, não há garantia de que tenha qualquer consequência real na vida das pessoas.

As bem-aventuranças, consideradas como ensinamentos de Jesus, ajudam a entender que o que ele propõe, o modo de ser e de viver, não parte de mandamentos, proibições, ameaças ou coações, mas de propostas para a felicidade da pessoa. Em vez de proibir e, consequentemente, endossar uma moral adquirida pela doutrinação, baseada em um sistema de deveres, propõe a prática da generosidade que indica para o que autoconstitui o sujeito, ou seja, algo que, se faltar nele, simplesmente deixa de ser. Não se trata de se preocupar em prestar contas de algo que é exigido, mas de valorizar um modo de ser.

Uma situação que pode ajudar na compreensão é a comparação feita entre Moisés e Jesus no prólogo do Evangelho de São João: "Se a lei foi dada por Moisés, a graça (*járis*) e a verdade (*alétheia*) vieram por Jesus Cristo" (Jo 1,17). Tal citação nos remete à diferença entre as obrigações e os deveres, que, do modo como muitas vezes são colocados e cobrados, tornam-se cargas muito pesadas; consequentemente, a proposta de Jesus de aliviar ou, pelo menos, tornar mais suportável a vida (Mt 11,29-30) nos remete à questão fundamental de seu modelo de moralidade.

Uma das referências que se admite assumir neste trabalho é a proposta de percebermos a importância de escolher a felicidade e a alegria de evangelizar (FRANCISCO, 2013), isto é, (Evangelho) em vez dos preceitos (Mandamentos). Para isso, vamos nos ater a Jesus ensinando. Trata-se, portanto, de uma referência à pedagogia de Jesus. "Ao ver as multidões, Jesus subiu à montanha. Sentou-se, e seus discípulos aproximaram-se dele. E, tomando a palavra, ele os ensinava" (Mt 5,1-2).

Pode-se identificar nesse fato o projeto moral oferecido por Jesus, como nos ajuda CASTILLO 2010 a perceber: "Passamos de uma ética de deveres e obrigações para uma ética de felicidade e ventura", e isso nos remete ao que afirmou Joaquim Jeremias: "A Lei põe o homem diante de suas próprias forças e pede-lhe que as use até o máximo; o Evangelho situa o homem diante do dom de Deus e pede-lhe que converta verdadeiramente esse dom inefável em fundamento de sua vida (JEREMIAS, 1969, p. 99).

Castillo explicita que nesta questão deve ser ressaltado o caminho pedagógico das bem-aventuranças. Isso evidencia quais metas serão alcançadas não a partir do que se pode ou não fazer (proibições), mas a partir de propostas, de afirmações daquilo que nos oferece vida e nos deixa felizes, preenchendo o ser humano.

Em vez de ressaltar a dor, a tristeza, o sofrimento, as ameaças, coações, o desencorajamento, de algum modo colocado em evidência nos Mandamentos, parte-se da preocupação com o cuidado de que a pessoa se realize, viva feliz. Esse é o fundamento da referência moral proposta por Jesus, ou seja, não se trata de proibir alguém, como, por exemplo, "não roubar, não matar, não pecar contra a castidade", a fim de deixar de fazer algo por causa de que poderá ser condenado, mas de viver de tal modo que a faça alcançar a felicidade, as bem-aventuranças, "felizes os que promovem a paz porque serão chamados filhos de Deus" (Mt 5,9).

Referência importante a ser considerada e que decorre das bem-aventuranças é a generosidade, que envolve desprendimento porque pede maior entrega do que qualquer norma proibitória.

Outro aspecto importante em termos de cuidado é considerar o ambiente, o meio em que isso acontece, que é sempre compartilhado, coletivo, familiar, comunitário, social porque o que se considera nas bem-aventuranças não é o indivíduo, mas as pessoas. Então, o cuidado que é oferecido por Jesus é resultado de um ambiente, de um clima social, não de indivíduos solitários, mas de pessoas que estão e se sentem vinculadas. Castillo (2010) chama atenção para esse aspecto evidenciando que Jesus não aponta para o singular, para a felicidade do indivíduo, mas para o plural, para o grupo; Jesus não diz "bem-aventurado o pobre", mas "bem-aventurados os pobres", e assim sucessivamente.

Chama atenção também como Jesus lida com a obediência. Castillo (2010, p. 177) afirma que Jesus estabelece um relacionamento com seus discípulos, baseado na "exemplaridade" como um amigo e nunca tomando como referência qualquer pedido ou exigência de obediência como um superior dirigindo-se aos outros pela sujeição como resposta a uma ordem proferida. Vale aqui nos voltarmos para o fato de que, quando aparece o verbo "obedecer" nos Evangelhos, Jesus aplica a elementos inanimados e nunca relacionado com os discípulos ou com qualquer ser humano: "o vento e o mar obedecem a Jesus" (Mc 4,41); Jesus diz aos discípulos que, se tiverem fé, até uma "árvore silvestre", uma "amoreira" lhes obedecerá (Lc 17,6) ou ainda quando Jesus deixa as pessoas espantadas porque "manda até nos espíritos imundos, e eles lhe obedecem" (Mc 1,27).

No que se refere à questão do cumprimento das leis e normas por elas mesmas ou pelos princípios que estão contidos nelas, a narrativa da cura em dia de sábado possibilita uma melhor compreensão da maneira como Jesus oferece o exemplo e afirma: "O sábado foi feito para o homem e não o homem para o sábado" (Mc 2,27); assim, revela uma ação que visa ao cuidado com o outro porque coloca em primeiro lugar o amor e não os preceitos religiosos, principalmente quando esses estão relacionados com cumprir observâncias, mesmo que, para se realizar isso, aconteça uma desobediência consciente e manifesta e até mesmo aprove a desobediência de seus discípulos em vez de repreendê-los. Jesus rompe com o dever e vai ao encontro do respeito mútuo, da dignidade, da liberdade, dos direitos e da vida das pessoas.

Ao surpreender a todos que estavam ali com a pergunta: "O que é permitido no dia de sábado, fazer o bem ou fazer o mal? Salvar uma vida ou matá-la? (Mc 3,4), parece evidente que Jesus estabelece uma referência moral de antes cuidar das necessidades dos outros que cumprir os próprios deveres de obedecer, submeter-se a mandatos que se antepunham à integridade e à felicidade das pessoas. Passa-se de um modelo voltado para cumprir deveres para um modelo que busca a necessidade e o cuidado com os outros.

Castillo (2010) chama atenção para o perigo da ética do dever bem cumprido, que nos deixa com a consciência tranquila, como se tivéssemos agido sobre uma situação de modo eficaz e suficiente. Isso também provocaria uma sensação de tranquilidade e de "dever cumprido", mas que na verdade não tem incidência nenhuma em relação à ética da necessidade vital, que é mais exigente, demanda mais tempo, envolvimento e compromisso e torna-se uma ação inócua, como exorta o autor:

> Provavelmente, quando isso nos acontece, não percebemos que, se as coisas forem levadas a sério, a pura verdade é que a ética da necessidade (do outro) é muito mais exigente e dura de cumprir que a ética do próprio dever. O próprio dever tem alguns contornos delimitados e algumas arestas claras, ao passo que as necessidades do outro podem nos comprometer até onde nem imaginamos (CASTILLO, 2010, p. 87).

Trata-se de uma relação baseada na liberdade, na lucidez, na autonomia como capacidade de decidir e agir em conformidade com Deus, e não com base no poder e na superioridade. Jesus se relaciona por meio da autoridade evangélica ao indicar para a autonomia que, por sua vez, não é ausência de autoridade.

O processo de aprendizagem como um todo, ressaltando o da Teologia, deve ir além dos caminhos intelectualistas de uma educação moral e das percepções de uma moral racionalista. Deve adquirir um sentido de entender as pessoas com quem entramos em contato e garantirmos a necessidade básica de viver e sobreviver, prestar atenção no outro, regular nossa ação a partir de uma rede de relacionamentos, porque todos esses aspectos são requisitos fundamentais para a vida, antes mesmo de qualquer conotação ética. Daí a proposta de uma educação moral como cuidado.

2

PRINCÍPIOS PEDAGÓGICOS DA TEORIA COGNITIVO-EVOLUTIVA E A PRÁTICA FUNDAMENTADA NA PEDAGOGIA DE JESUS

Inspirados nas práticas encontradas nos Evangelhos, as quais se fundamentam na Pedagogia de Jesus, pode-se extrair da teoria cognitivo-evolutiva princípios pedagógicos que poderão contribuir para uma teologia do cuidado, o que nos permitirá apontar implicações pedagógicas para uma relação ensino/aprendizagem mais eficaz da Teologia.

Será explicitada, a seguir, a diferença entre dar comandos, para que se cumpram deveres, e oferecer espaço em termos de propostas, para que, na liberdade, seja possível chegar a uma ação voltada para a necessidade.

Por meio da teoria cognitivo-evolutiva, busca-se apresentar propostas para se distanciar cada vez mais do respeito unilateral, que normalmente destaca o poder e a superioridade sobre o outro, e um aproximar-se cada vez mais da cooperação e da ajuda mútua a partir do respeito recíproco. Isso vai ao encontro da pedagogia de Jesus, conforme podemos notar no "Lava Pés", em que expressa sua humildade em relação aos discípulos. Ele faz isso para exemplificar como deve ser a relação entre os próprios discípulos decorrente da missão que lhes cabe. Jesus não abre mão de sua autoridade, mas coloca como referência o que está como princípio na autoridade, isto é, o serviço, que não é para alguns, pois deixa claro que o Mestre também é um servidor. O respeito, a dedicação, o cuidado para com as pessoas, refletido no serviço, são tão importantes quanto o respeito ao mestre: "(...) Pois bem: eu, que sou o Mestre e o Senhor, lavei seus pés; por isso vocês devem lavar os pés uns dos outros. (...)" (Jo 13,13-15).

O respeito unilateral supõe uma forma de socialização moral que se orienta em função de uma pessoa que manda e outras que obedecem por ainda não se governarem por si próprias e por suas próprias convicções. Trata-se de um respeito que a pessoa adquire em relação às regras, normalmente por meio da coação. Em contrapartida o respeito mútuo supõe a cooperação, que sugere manter uma relação com o outro de igual para igual e não uma relação de alguém que impõe valores para que sejam respeitados por temor da autoridade e, consequentemente, quando esta não se faz mais presente não se respeita mais. Pode-se afirmar que o respeito unilateral nasce do medo, e o respeito mútuo nasce do amor.

Leme (2006) evidencia que as regras consideradas importantes não devem valer somente para as autoridades, ou seja, o respeito, o cuidado em relação aos pares é tão importante quanto para a autoridade. Um professor, por exemplo, merece respeito tanto quanto os alunos. Essa referência da psicologia, assim como tantas outras, pode facilmente ser evidenciada pelas ações de Jesus.

Em relação à lei do sábado (Mc 2,23), Jesus defende que as leis convencionais não devem ser consideradas verdades absolutas e imutáveis, porque na maioria das vezes são impostas. Tais regras devem ser adequadas aos princípios ou a uma necessidade, o que sugere a passagem de uma ética do dever para uma ética do cuidado.

As leis convencionais dizem respeito a um conjunto de normas, que se tornam obrigatórias para determinado grupo ou sociedade, porém não podem ser universalizáveis. Já as regras morais são especificamente relacionadas com as "questões interpessoais de conflitos, a restrição de condutas e a busca da harmonia da pessoa e do bem-estar alheio" (LA TAILLE, 2002, p. 17). Hierarquicamente, as regras morais possuem maior valor, por isso é importante que estejamos atentos à cobrança destas, muito mais do que às convencionais. Quando se humilha ou expõe uma pessoa que chegou atrasada, que fez uma pergunta que expressa o não entendimento do que foi explicado, fazendo sermões, advertências, a moral é transgredida. Nesse caso, o respeito deveria ser muito maior a esse tipo de regra do que em relação à convencional. Atitudes como essas podem demonstrar que, cumprimento de horário, compreender na primeira explicação, é mais importante do que a ação de cuidar de alguém, do que a generosidade para com o outro.

Do ponto de vista educacional, inúmeras pesquisas voltadas à questão da Educação Moral (VINHA, 2003; CUNHA, CELICH DANI, 2008; VINHA, TOGNETTA, 2009; MORAES, 2011, 2016) comprovam que, em vez de impor, é preciso oferecer oportunidade de compararem diferentes possibilidades de resolver situações de generosidade, tolerância, o que implica optar não pelo convencional, mas pelo que a regra significa como princípio.

Em inúmeras situações vivenciadas por Jesus, das quais podemos citar, como exemplo, um possível apedrejamento de uma mulher encontrada cometendo adultério, porque assim determinava a lei, ou, ainda, o momento em que surpreendentemente Jesus cura em dia de Sábado e é acusado de descumprir a Lei, quando Ele afirma o seguinte pensamento: "O sábado foi feito para o homem e não o homem para o sábado" (Mc 2,27), possibilita que compreendam o espírito das leis, das normas, os princípios nos quais estas se baseiam. Com esse modo de agir, é muito mais provável que as pessoas aprendam a construir e legitimar muito mais valores desejáveis universalmente do que aqueles relativos àquela sociedade, religião ou situação particular. Jesus permite que as pessoas, seus discípulos vivenciem situações por meio das quais elas construam referenciais claros de valores que sejam bons para eles e para os outros.

Do ponto de vista da teoria construtivista, as normas devem ser pautadas em princípios e contribuir para a qualidade das relações, inclusive no que diz respeito a favorecer que as pessoas possam assumir suas responsabilidades.

Todas essas questões podem nos remeter ao modo como Jesus entendia e exercia sua autoridade. Os textos dos Evangelhos nos mostram que, com muita frequência, Jesus oferece muitas oportunidades para que seus discípulos tomem decisões e assumam as responsabilidades. Quando Jesus responde a uma pergunta com outra, parece sugerir que não esperem respostas prontas, ordens a serem cumpridas, respostas sobre o que é certo ou errado, o que deve ou não ser feito, mas provoca reflexões a respeito da situação, faz com que pensem e adquiram uma perspectiva cada vez mais ampla. Desse modo, diminui uma regulação expressamente externa e os leva a pensar e desenvolver os princípios internos, fazer daquele modo porque para eles também é importante, e não só porque alguém de fora está ordenando.

Isso não significa renunciar às normas e regras para que cada um faça o que quiser, mas cultivar o binômio responsabilidade e liberdade conforme diz La Taille (1999, p. 19). Promover a conquista da autonomia e da liberdade não significa subtrair exigências, normas e leis, por isso não se trata de fazer o que se quer, implica sim arcar com as consequências demonstrando responsabilidade e não simplesmente atendendo a um comando externo para obedecer. Jesus arca com as consequências de sua liberdade assumindo a cruz, não porque é coagido ou ameaçado a fazer isso, mas por sua própria escolha em consonância com a vontade do Pai (teonomia).

Todo esse modo de agir, proposto pela psicologia e que vai ao encontro da pedagogia de Jesus, pode ajudar-nos a perceber a diferença entre dar ou receber comandos para que sejam cumpridos deveres, leis, normas ou oferecer espaços, em termos de propostas, para que na liberdade se chegue a uma ação voltada para a necessidade, não fazendo o que querem, mas aprendendo a querer o que fazem. Perceber a diferença entre dar aula para cumprir um dever ou para corresponder à necessidade do aluno. O grau de comprometimento é diferente!

É possível identificar também o ambiente propício para que isso aconteça; seja familiar, comunitário, social precisa ser compartilhado, coletivo.

Um princípio importante do ponto de vista dos fundamentos psicológicos da teoria cognitivo-evolutiva, que é encontrado na prática de Jesus, diz respeito ao ambiente que deve ser cultivado, no qual o respeito pelo outro é continuamente praticado. Nesse sentido, a educação construtivista oferece uma proposta moral. O ambiente em que a pessoa se encontra, seja familiar, comunitário, social, institucional, pode favorecer ou não o desenvolvimento moral. Não se podem evitar, na ação pedagógica, "mensagens de comunicação moral" quando se manifestam com regras estabelecidas, comportamentos que proporcionam informações sobre o que é considerado bom ou mal, certo ou errado, o que pode ou não pode. Na proposta baseada na teoria construtivista, o professor, o mestre, cria um ambiente cooperativo sociomoral, conduzindo os trabalhos, utilizando-se de alternativas cooperativas de disciplina.

O relacionamento de Jesus como mestre, estabelecido com seus discípulos e com as pessoas de modo geral, não condiz com uma moral de obediência na qual predomina o "respeito unilateral", o seguimento a partir da obediência a regras prontas, simplesmente aceitando e conformando-se, sem que sejam explicadas e questionadas. O que Jesus demonstra é o seguimento de regras que emergem dos sentimentos internos de necessidade de como tratar os outros.

O caminho traçado por Jesus direciona para uma ação de obediência por causa da autoridade que está presente, mas a partir de uma responsabilidade compartilhada com o outro inclusive em termos de busca de possíveis soluções que não constem necessariamente em um conjunto de regras pré-estabelecidas. Se a decisão tomada der certo, todos se sentirão participantes, ao passo que, se acontecer algum fracasso, todos também se sentirão corresponsáveis pelo fato de o mestre não ter apresentado uma solução unilateral, mas de cooperação.

Jesus se apresenta totalmente ativo na busca de alternativas que enfatizem as consequências naturais de não quebrar o compromisso social com o outro, porque o rompimento no compromisso social requer reparos. Então valorizar que se cumpra-os ajuda na construção de um ambiente de respeito integral.

3

A ARTE DE INTERPRETAR SINAIS DE ALGO QUE NÃO SE VÊ, ASSIM COMO SE FAZ NAS ENTRELINHAS DOS TEXTOS SAGRADOS

Para alcançar tal objetivo, serão considerados os conteúdos de autoavaliações realizadas por alunos da disciplina Antropologia Teológica, ministrada na Pontifícia Universidade Católica de Campinas por professores da Faculdade de Teologia em todos os cursos de graduação.

Por se tratar de um elemento empírico, com o intuito de identificar o "universo dos significados, dos motivos, das aspirações, das crenças, dos valores e das atitudes", foi utilizada a metodologia Hermenêutico Dialética (MINAYO, DESLANDES & GOMES, 2009, p. 21).

O objetivo desse método é trazer maior compreensão e autenticidade na contextualização dos participantes. No início, a Hermenêutica e a Dialética eram dois métodos distintos para compreensão da realidade, porém, recentemente, pensou-se na união com o intuito de potencializar o conhecimento e promover empatia entre pesquisadores e participantes explicitando a realidade dos envolvidos (MINAYO, DESLANDES & GOMES, 2009; STEIN, 1987).

Hermenêutica significa, etimologicamente, interpretar, fazer compreender, traduzir. O termo faz referência a Hermes, deus grego, que traduzia as mensagens do Olimpo aos mortais para que pudessem ser compreendidas. A fundamentação teórica dessa ciência da interpretação originou-se na Grécia Antiga, permeando a Filosofia e o Cristianismo na busca dos reais significados da realidade (GILHUS, 2016; SCHMIDT, 2014). Atualmente pode ser aplicada para a interpretação gramatical, que propõe a análise de discurso e também psicológica, que almeja transcender a palavra ao identificar as intenções e motivações do sujeito, o que permite desvendar o significado das palavras e do discurso como um todo (BRITO, 2005; MINAYO, 2014).

A Dialética com origem teórica também da Grécia Antiga, etimologicamente, significa a arte de dialogar. Surgiu na tentativa de conciliar pensamentos controversos de Heráclito e Parmênides em um diálogo exaustivo. Enquanto o primeiro defendia que tudo seria comandado pelo conflito e que a mudança seria um processo constante, o segundo argumentava que as mudanças seriam sempre superficiais e a essência imutável. Atualmente é utilizada para elucidar a realidade em meio a constantes transformações (CHAUÍ, 2004; KONDER, 2008).

A cisão entre Hermenêutica e Dialética propõe analisar e considerar os consensos e dissensos dos sujeitos no contexto em que estão inseridos, recorrendo à tradição, à linguagem, ao grupo social, ao momento histórico, a fim de que a compreensão se aproxime o mais possível da realidade. Trata-se de conhecer o que está implícito pela relação entre passado e presente (GADAMER, 2009; MINAYO, 2014; STEIN, 1987).

Optou-se pela prática de pesquisa hermenêutico dialética com o propósito de trazer presente os relatos dos alunos e buscar compreender, a partir do testemunho deles, se a relação ensino aprendizagem na formação teológica favorece um cuidado com o outro como iniciativa moral e ética.

Para a coleta de dados, foi utilizado um roteiro semiestruturado no formato de autoavaliação realizada no final do semestre para alunos que cursavam a disciplina Antropologia Teológica. Ele possibilitou a emergência de narrativas acerca não só do conteúdo programático abordado nas aulas, mas também do contexto no qual os alunos se encontravam na Universidade, em relação com os colegas de sala, do curso, professores e seus familiares, ou seja, no contexto sócio-histórico que atribui sentido para sua vida.

Após todos apresentarem a autoavaliação, foram sorteados, aleatoriamente, 10 exemplares para a análise. A partir do conteúdo, iniciou-se o agrupamento das narrativas e das análises das quais foram extraídas categorias inspiradas nas ações do caminho pedagógico percorrido por Jesus de Nazaré, presentes no item 1.3 desta obra.

A análise dos resultados foi realizada considerando-se uma atenção recíproca em cada uma das categorias que contribuíram na ação voltada para o cuidado com o aluno. Além disso, foi preciso considerar que não se tratava de mensurar resultados como alto ou baixo, nem bom ou ruim. Os resultados obtidos simplesmente demonstraram a ênfase em determinado momento, presente nos alunos em sua experiência em sala de aula, por meio da ação pedagógica do professor como expressão do cuidado no sentido amplo, relacionado com diversos aspectos e diversas áreas da vida do sujeito, estudo, trabalho, família, sociedade, com a casa comum (FRANCISCO, 2015), favorecendo neles o desenvolvimento moral.

A transcrição completa das entrevistas de autoavaliação com os alunos encontram-se no Apêndice no fim deste livro.

Para viabilizar e facilitar a compreensão, foi utilizado um quadro (1), que foi preenchido com trechos dos discursos dos alunos, os quais possuem uma estreita ligação com o objeto de estudo. No quadro que se segue, estão registradas as categorias decorrentes das ações de Jesus, correlacionadas com as respostas apresentadas pelos alunos.

Quadro 1: Categorias extraídas das ações pedagógicas de Jesus e das respostas de todos os sujeitos entrevistados

Categorias	Descrição	Exemplos
A Dever: obrigação ou generosidade	Valorizar a pessoa e não a regra. Esta categoria diz respeito às ações de Jesus, pautadas na felicidade da pessoa e não em ações relacionadas com as proibições. Trata-se de uma preocupação com uma moral, adquirida pela prática da generosidade e não pela doutrinação.	"... O que mais me deu trabalho, esse semestre em particular, foi o meu TDAH. As pessoas têm uma visão de Déficit de Atenção Hiperativo, que é bem errônea, sabe? (...) Em aulas, por exemplo, eu desenho enquanto escuto a matéria, pois é o que me mantém focada na voz do docente. E aí começou meu primeiro problema. Muitos professores, esse semestre, foram professores novos, com os quais entramos em contato pela primeira vez. E vários deles preferiram que eu não desenhasse durante as aulas.
B Ambiente: indivíduo solitário ou pessoas vinculadas	Atender às necessidades dos outros em um ambiente compartilhado. Enquadram-se na categoria B ações de Jesus nas quais se contemplam o plural, o grupo, e não o singular, o indivíduo.	"Destaco a aula sobre espiritualidade, como a que mais me instigou esse semestre. Procurei realizar os conteúdos de sala de aula com outros amigos e familiares, discutir ideias relacionadas, e até mesmo uma roda de conversa foi formada após a própria aula, com alunos da biologia de outros anos, para contar sobre a aula. Foi realmente algo que me marcou e que levo para minha formação como pessoa, não tanto como as outras aulas que relacionei mais com o curso e o trabalho."

C Exemplaridade: obediência ou liberdade	Cuidar do outro como um irmão e não como um superior. Inseridas na categoria C estão todas as ações de Jesus relacionadas com o respeito mútuo e não com o respeito unilateral.	"A abertura do professor para exposição de opinião e para colocação de comentários facilitou muito o aprendizado dos conteúdos. Com a colocação de cada colega e com a orientação do professor, as ligações com o cotidiano eram facilitadas e facilmente entendidas. Além do mais, o respeito existente entre os colegas de classe é de admirar-se: a oportunidade de expressar o que se sente e o que se pensa, mesmo sendo o contrário do que as outras pessoas pensam/sentem, é bem maior do que em muitos ambientes que frequento/frequentei; os alunos que formam a turma apresentam respeito em relação à opinião alheia, e tenho orgulho de meus colegas por isso."
D Dever cumprido ou compromisso	Transcender, ir além da obrigação. As ações de Jesus, relacionadas com o compromisso e não com o sentimento de dever cumprido, como se tivesse agido de modo completo e suficiente sobre a situação, enquadram-se na categoria D.	"Bem no início do semestre, confesso que a disciplina era a que chamava menos minha atenção; agora percebo o quanto eu estava errado com esse pensamento. Com o andamento do semestre, a disciplina se mostrou cada vez mais interessante, principalmente com as aulas dinâmicas que nos "obrigavam" a participar dando nossas opiniões. O que me fez mudar totalmente minha ideia inicial sobre a matéria foi que, com o passar das aulas, eu fui percebendo que eu estava mudando e para melhor. Por exemplo, eu era uma pessoa muito fechada a opiniões diferentes, mas hoje já sou mais tolerante a opiniões diferentes."

Fonte: A pesquisa.

Apresenta-se agora, a partir da vivência e do contato com os alunos, sobretudo, da experiência das aulas ministradas registradas nas autoavaliações, a análise de seus relatos à luz do marco teórico.

De acordo com a visão dos alunos entrevistados, foi possível identificar com mais riqueza de detalhes que o processo de aprendizagem da Teologia pode e deve ir além das percepções de uma moral racionalista, ao contemplar uma educação moral como cuidado a partir da pedagogia de Jesus.

No que diz respeito à Categoria A, "dever por obrigação ou por generosidade", nota-se que optar por uma moral de obrigação antes mesmo de conhecer a realidade e as necessidades dos alunos como um todo e, logo de início, renunciar a uma moral da generosidade pode nos fazer perder a chance de dar passos conforme a pedagogia de Jesus e nos fazer agir por meio de uma moral unicamente racionalista e não fenomenológica que possui muito mais vantagens como proposta de cuidado. Situação que pode ser constatada pelos extratos de protocolo que se seguem:

> (...) O que mais me deu trabalho esse semestre, em particular, foi o meu TDAH. As pessoas têm uma visão de Déficit de Atenção Hiperativo, que é bem errônea, sabe? Na maioria das vezes, pensam que é alguém que não consegue focar em nada e está sempre pulando por aí. Apesar de isso ser parcialmente verdade (eu realmente estou sempre pulando por aí), é bem longe da realidade que eu vivo. Eu sabia lidar muito bem com meu TDAH, pois, apesar de que, sim, é difícil focar em apenas uma coisa por vez, eu sou ótima em multitarefas. É o que me ajuda a manter meu cérebro funcionando. Em aulas, por exemplo, eu desenho enquanto escuto a matéria, pois é o que me mantém focada na voz do docente. (...)

A mesma aluna relata os benefícios de quando, em sala de aula, faz-se um esforço para oferecer uma pedagogia que coloca a necessidade do outro em primeiro lugar e nota-se que é possível fazer isso sem excluir as obrigações e regras, ou seja, sem abrir mão de uma postura racional, necessária, mas não suficiente, como podemos observar nos extratos de protocolo a seguir:

> (...) Dentro de todo esse contexto, suas aulas foram o que me trouxeram estabilidade nas semanas caóticas. Eu esperava, animada, todas as quintas-feiras que promoveriam discussões, pensamentos críticos e reflexões sobre assuntos que, antes, eu refletia sozinha. (...)

> (...) Então era sempre muito interessante ouvir as pessoas que eu conhecia, agirem de maneira que eu, muitas vezes, não esperava. Aprendi muito sobre meus colegas em suas aulas, mas também aprendi muito sobre mim. (...)
> (...) Aprendi a lidar melhor com minhas emoções. Apesar de ainda perder o controle as vezes, sinto que recuperei muito mais rápido do que em outras ocasiões antigas. (...) Fiz amigos! (...) Sou linda, Céus, como eu me apaixonei por mim mesma esse semestre!

É importante ressaltar que até mesmo da parte dos alunos pode ocorrer uma tendência para um juízo moral racionalista, que antes mesmo de fazer a experiência faz um julgamento estrito, reduzido, fechado como se pode notar no extrato de protocolo que se segue: "Bem no início do semestre confesso que a disciplina era a que chamava menos minha atenção; agora percebo o quanto eu estava errado com esse pensamento (...)".

No entanto, ao se permitir uma postura mais aberta diante das aulas, faz a experiência do cuidado, da generosidade, a ponto de expressar seus sentimentos que vão além da regra ou de uma obrigação de participar das aulas, como se pode ilustrar por meio do protocolo que se segue:

> (...) Com o andamento do semestre, a disciplina se mostrou cada vez mais interessante, principalmente com as aulas dinâmicas que nos "obrigavam" a participar dando nossas opiniões. O que fez mudar totalmente minha ideia inicial sobre a matéria foi que, com o passar das aulas, eu fui percebendo que eu estava mudando e para melhor. Por exemplo, eu era uma pessoa muito fechada a opiniões diferentes, mas hoje já sou mais tolerante a opiniões diferentes. (...)

A Categoria B, "Ambiente: indivíduo solitário ou pessoas vinculadas", chama atenção para a preocupação de Jesus com o ambiente que ele criava em suas ações junto às pessoas, ambiente sempre compartilhado, voltado para o bem comum. Isso reforça a proposta da importância de criar na sala de aula um ambiente inspirado nas ações de Jesus, ou seja, no qual seja possível exercer a prática do cuidado mútuo, por ser compartilhado e não individualista, que considere a realidade familiar, comunitária e social e não de interesses pessoais e imediatos. O clima social da própria sala faz com que os alunos se sintam vinculados.

Os relatos de autoavaliação dos alunos apontam para essa vivência nas aulas de Teologia, conforme observa-se nos extratos de protocolo a seguir:

> (...) Destaco a aula sobre espiritualidade, como a que mais me instigou esse semestre. Procurei realizar os conteúdos de sala de aula com outros amigos e familiares, discutir ideias relacionadas, e até mesmo uma roda de conversa foi formada após a própria aula, com alunos da biologia de outros anos, para contar sobre a aula.(...)

A aluna relata uma iniciativa que demostra um ambiente, no qual predomina a confiança, o respeito e no qual se torna possível expressar sentimentos a ponto de ultrapassar os próprios limites da sala de aula.

A seguir, encontra-se outro relato da disposição em ajudar a melhorar outros ambientes, o que dificilmente ocorreria sem que na própria sala de aula se tivesse atingido o mesmo propósito, ou seja, a construção de um clima de confiança, empatia, respeito para com a realidade de cada um.

> (...) Todas as discussões realizadas, ideias e todos os conceitos trocados, assuntos debatidos, tudo fez com que eu fizesse uma autoavaliação em cada aula, visando melhorar o meu eu, visando melhorar ao ambiente e à comunidade em que vivo. (...)

A prática da exemplaridade, que dá nome à Categoria C: "Exemplaridade: obediência ou liberdade, ao oferecer muito mais espaço para a liberdade e o respeito do que para a obediência, sobretudo quando o professor se faz presente, ressalta o encorajamento, e não o peso de quem pode ser punido porque talvez não tenha dito o que agrada ao professor ou o que seria a resposta correta. A liberdade afasta o medo e a insegurança, promove a oportunidade de os alunos serem sinceros ao expressarem seus pensamentos e sentimentos. Além disso, coloca em evidência propostas para que a pessoa se reavalie, reveja conceitos e ações como oportunidade de mudança, se necessário, e, assim, viva e busque a felicidade dos outros. Esse aspecto está muito em consonância com as ações de Jesus não como alguém superior a quem se deve obedecer, mas como quem se entrega com desprendimento, coloca-se ao lado, caminha junto, cuida, propõe a vida na liberdade da escolha.

Tais vivências se fazem presentes nos relatos de autoavaliação dos alunos a seguir:

> (...) A abertura do professor para exposição de opinião e para colocação de comentários facilitou muito o aprendizado dos conteúdos.(...)
>
> (...) Além do mais, o respeito existente entre os colegas de classe é de admirar-se: a oportunidade de expressar o que se sente e o que se pensa, mesmo sendo o contrário do que as outras pessoas pensam/sentem. (...)
>
> Ou ainda,
>
> (...) Estou sendo mais honesta com as pessoas próximas de mim quanto com meus sentimentos. (...) Eu tinha medo de assustar e afastar, mas o efeito foi total oposto; e eu sou muito grata a isso. (...)

Expressões de superação, de busca, independentemente das dificuldades que surgem, de sonhos sendo realizados, da sensação de ter escalado montanhas e estar viva, da capacidade de agradecer, reconhecer perdas e, acima de tudo, sentir a transformação, de querer sempre ser uma pessoa melhor, comprometendo-se consigo mesmo e com os outros, e não simplesmente participar das aulas como um dever que precisa ser cumprido, são encontradas na Categoria D, intitulada "Dever cumprido ou compromisso". A seguir alguns extratos de protocolo que podem ser observados no conteúdo apresentado pelos alunos.

> (...) Consegui um estágio! É meu trabalho dos sonhos. Desde criança queria ser geneticista e trabalhar com mutações, e cá estou eu (...).
> (...) Podem não parecer conquistas muito significativas, mas sinto que escalei umas quatro montanhas esse semestre. Dei umas tropeçadas e caí várias vezes, mas eu ainda estou viva (...).
> (...) De maneira notável, esta disciplina, não somente a mim como ser humano, mas como funcionária e também estudante, fez-me enxergar e começar a dar mais valor aos acontecimentos (...).
> (...) gostaria de agradecer as aulas e ter me ajudado tanto nesse semestre que foi tão difícil para mim por conta de perdas que eu tive e problemas em relação a minha saúde psicológica; e principalmente obrigado por ter feito me transformar em uma pessoa melhor (...).

Diante do exposto, pode-se afirmar que, a partir das declarações dos alunos, nota-se um caminho percorrido durante as aulas, que tem incidência em diversos aspectos da vida, por meio de atitudes interligadas de atenção e dedicação ao outro, que não se reduzem ao conteúdo programático, aos procedimentos e às estratégias. Os relatos apontam para uma realidade sistêmica, em um cuidado pluridimensional e não só estrutural e racional, em uma relação controladora entre aluno e professor, mas também de um despertar da reciprocidade para movimentos que coexistem ao redor e além da sala de aula. Desse modo, é possível notar que uma formação teológica, que ultrapassa a centralização racional, contribui para o desenvolvimento moral e ético.

CONSIDERAÇÕES FINAIS

A partir da pesquisa realizada e exposta neste livro, buscou-se passar uma abordagem intelectualista, com comprovados benefícios relacionados com o desenvolvimento da moralidade, para elucidar a relevância e as vantagens de uma proposta fenomenológica, baseada na teologia do cuidado como Educação Moral. O problema norteador deste estudo foi solucionado positivamente, porque os resultados encontrados permitem concluir que uma formação teológica, que ultrapasse a centralização puramente racional e intelectualista, por meio da pedagogia de Jesus, constitui uma Educação que favorece o desenvolvimento moral e ético.

O marco teórico permitiu tal constatação por meio de um caminho percorrido, tomando como referência o método empregado por Vidal (1995), no qual:

1. Recorre-se ao referencial bíblico, no caso deste trabalho, a relatos dos Evangelhos nos quais Jesus se relaciona com seus discípulos;

2. Vale-se das Ciências Humanas, sobretudo dos recursos da Psicologia, ao realçar a dimensão psíquica da teoria cognitivo-evolutiva para extrair princípios educacionais das práticas relacionadas com a pedagogia de Jesus;

3. Serve-se da Filosofia para que não se perca o aspecto da consciência moral como algo constitutivo da pessoa.

Com base no levantamento da literatura realizada e nos autores mencionados, na medida em que se distanciou da visão tradicional, tecnológica e pragmática de Educação, foi possível compreender e ampliar possibilidades e caminhos que consideram o cuidado como algo constitutivo do ser humano e sua contribuição para uma Educação Moral que transcende a racionalidade, semelhante ao caminho pedagógico percorrido por Jesus de Nazaré.

Passa-se então de uma insatisfação com as propostas intelectualistas de Educação, ao se notar que a razão é necessária, mas não suficiente, para destacar como fundamental uma Educação Moral promovida pela Teologia, a partir da proposta de uma moral fenomenológica que favorece um aprendizado por meio da fé que se expressa.

Para isso, partiu-se da noção de cuidado, inspirado em M. Heidegger, como modo de ser, na busca de uma possível teologia do cuidado, favorecida por meio da ação pedagógica na Teologia. Castillo ajuda a evidenciar, por meio dos ensinamentos de Jesus, a pedagogia de valorizar o modo de ser, a generosidade, a alegria daquilo que oferece vida e preenche o ser humano, como modelo fundamental de moralidade, em vez de passar a maior parte do tempo preocupado em prestar contas de algo que é exigido. Fabri lembra de nossa condição de inacabados e ressalta o conceito teológico da relação criação e salvação, não como algo pronto, mas como ação divina constante de cuidado, o que implica um caminho moral e ético de possibilidade de salvação para todos.

Desse modo, a partir do marco teórico, constata-se que a prática pedagógica no ensino da Teologia, quando pautada na pedagogia de Jesus, por meio de reflexões, perturbações, questionamentos, atitudes, sentimentos, no acolhimento aos alunos, na manifestação da fé e da espiritualidade como dimensões inerentes ao ser humano, pode favorecer ações éticas nos alunos.

Trata-se de propiciar a oportunidade de substituir a dicotomia professor-aluno por uma relação de pertença em que ambos se sintam como seres humanos, buscando a reciprocidade nos objetivos e nas realizações. Em vez de imposições ou superioridade, crescimento interpessoal; no lugar das avaliações como possíveis instrumentos de controle, cobranças, geradores de competição e de ansiedade, alinhamento dos próprios desempenhos. Na linguagem da pedagogia de Jesus, não obrigação, mas generosidade; não indivíduos solitários, mas pessoas vinculadas; não obediência como respeito unilateral, mas liberdade como respeito mútuo; não dever cumprido, mas comprometimento com o outro.

Por fim, mergulhou-se no universo de ensino/aprendizagem partindo da vivência de três disciplinas oferecidas pela Faculdade de Teologia, para todos os cursos de graduação por meio das Faculdades na Pontifícia Universidade Católica de Campinas.

O objetivo foi o de buscar maior riqueza de detalhes e autenticidade, valendo-se da experiência e realidade dos próprios alunos. A partir dos conteúdos extraídos de autoavaliações realizadas por eles, constatou-se que uma Educação Moral, como teologia do cuidado, torna-se mais real quando os alunos têm a possibilidade de se expressar, debater por meio de metodologias ativas, baseadas na realidade e situação em que vivem, e da fé que professam, em vez de que seja utilizada com eles estratégias da transmissão de valores por meio de conteúdos absolutos ou, até mesmo, "lições de moral".

Assim, a partir dos relatos dos alunos, pode-se inferir a relevância de uma abordagem fenomenológica na relação ensino/aprendizagem na Teologia, a saber: a possibilidade de transcender, ir além do cumprimento de obrigações e deveres, ou ainda, da exigência de direitos ou preleções isoladas, mas de uma reciprocidade.

Uma proposta fenomenológica de Educação Moral aproxima-nos de uma vivência considerando a fé e a espiritualidade, o que permite um não reducionismo racional ou intelectualista, mas uma interpretação dos fatos da vida, da realidade presente, pautada nas vivências.

Ao se resguardar a experiência religiosa como constitutiva da pessoa humana, converge-se para uma abertura ao transcendente, por considerar a dimensão pré-teórica, pré-conceitual, a partir do que o aluno traz de antemão, o que permite não se prender a possíveis controles de variáveis ou qualquer outro tipo de direcionamento para que se obtenha resultados pautados em regras, fórmulas, etapas ou dogmas.

Quando o aluno nota que aquilo que o professor julga correto corresponde a suas ações, inclusive nas relações interpessoais, seja em sala de aula, no ambiente universitário ou fora dele, a chance de favorecer uma Educação Moral, como Teologia do cuidado, possui muito mais incidência na vida dos alunos, em termos de ações comunitárias, sociais e universais, apontando para uma Ética do cuidado.

Por meio desta obra, constata-se também que a Teologia Cristã supõe aproximar-se ao máximo do caminho pedagógico percorrido por Jesus. Se o que se julga correto não corresponde às ações na relação entre professor e aluno, se não ocorre como acontecia com Jesus, que ensina o que vive e vive o que ensina, é muito provável que tenha pouca incidência na vida do aluno o que ele estuda no curso de Teologia.

Pode ser até compreensível que tal proposta seja pouco acessível em outras Áreas do Conhecimento, mas, na Teologia, a questão do aprendizado deve estar mais próxima das propostas da pedagogia de Jesus.

Embora o alcance destas considerações finais possua avanços significativos, sobretudo, porque poucas são as pesquisas relacionadas com o universo do ensino/aprendizagem na Teologia, ou ainda, sobre a ação pedagógica do teólogo e sua incidência na vida do aluno, não se busca dar soluções pontuais, locais ou gerais.

Esta pesquisa, mais do que apontar soluções, apresenta-se como um possível início de uma discussão de propostas pedagógicas a serem oferecidas pelas Faculdades de Teologia, para a sociedade como um todo, na qual os teólogos estão inseridos. Uma dessas discussões pode ser a respeito da oportunidade oferecida às pessoas de cursarem Teologia e a incidência da presença de tais teólogos na construção de uma sociedade mais justa, fraterna, generosa e terna. Outra discussão pode se ocupar daqueles, para quem o curso de Teologia é colocado como condição para serem ordenados padres e as possíveis contribuições do processo ensino/aprendizagem notadas a partir da vivência eclesiológica que se observa nestes padres. Além disso, colaborar para que sejam realizadas outras pesquisas sobre o tema da Teologia na Universidade como contribuição do desenvolvimento integral do ser humano.

Tais dados poderão colaborar para pesquisas sobre a confluência da ação pedagógica nesse meio. Seja para qual for a situação, considera-se importante que, para o curso de Teologia, que foi o intuito desta investigação, as ações pedagógicas sejam pautadas pela pedagogia de Jesus, sempre em busca de uma Educação como Teologia do cuidado.

BIBLIOGRAFIA

BATAGLIA, P.U.R. e BORTOLANZA, M. R. *Formação profissional e conceitos de moral e ética em estudantes de psicologia.* Revista Psicologia: teoria e prática. Vol. 14, n. 2, São Paulo, ago., 2012.

BOFF, Leonardo. *Saber cuidar*: ética do humano - compaixão pela terra. Petrópolis, RJ: Vozes, 2014.

BÍBLIA. Português. Bíblia sagrada. Tradução: Centro Bíblico Católico. 34. Ed. rev. São Paulo: Ave Maria, 1982.

CASTILLO, José M. *A ética de Cristo.* São Paulo: Loyola, 2010.

FABRI, Marcio. Teologia moral: é necessária uma nova experiência ética. *Revista IHU* on-line. Disponível em: http://www.ihu.unisinos.br/noticias/514451-teologia-moral-e-necessaria-uma-nova-experiencia-etica

FEITOSA, Helvécio Neves et al. Competência de juízo moral dos estudantes de medicina: um estudo piloto. *Revista Brasileira de Educação Médica.* Associação Brasileira de Educação Médica, v. 37, n. 1, p. 5-14, 2013. Disponível em: <http://hdl.handle.net/11449/117857>.

FRANCISCO, Papa. *Exortação Apostólica Evangelli Gaudium.* Vaticano, 2013. In: www.vatican.va.

__________, *Carta Encíclica Laudato Si.* Vaticano, 2015. In: www.vatican.va.

GIL, A. C. *Métodos e técnicas de Pesquisa Social.* 6. ed. São Paulo: Editora Atlas, 2008.

GONÇALVES, Paulo Sérgio Lopes. A teologia como ciência ôntica e sua relação com a filosofia. *Horizonte.* Belo Horizonte, v. 12, n. 35, 2014, p. 932-956.

HEIDEGGER, Martin. *Ser e Tempo.* 2ª edição. Trad. Márcia de Sá Cavalcanti Schuback. Petrópolis: Vozes; Bragança Paulista: Editora Universitária São Francisco, 2007.

__________, *Sein und Zeit.* Achtzehnte Auflage. Tübingen: Max: Niemeyer Verlag, 2001.

__________, Carta sobre el humanismo. Madrid: Alianza Editorial, 2006, p. 25ss.

HEIDEGGER, Martin. Fenomenologia e teologia. In: *Marcas do caminho.* Trad.: Enio
Paulo Giachini e Ernildo Stein. Petrópolis: Vozes, 2008, p. 56-88.

INWOOD, Michael. *Dicionário Heidegger.* Tradução de Luísa Buarque de Holanda. Revisão técnica de Márcia Sá Cavalcante Schuback. Rio de Janeiro: Jorge Zahar Ed., 2002.

KIRCHNER, R.; PROVINCIATTO, L.G. O caráter científico da Teologia a partir da Conferência Fenomenologia e Teologia em Martin Heidegger. In: *Estudos de Religião.* V. 31, n. 2. maio-agosto, 2017.

KOHLBERG, Lawrence; POWER, Clark; HIGGINS, Ann. *La Educación Moral segundo Lawrence Kohlberg.* Barcelona: Editorial Gedisa, 1997.

LEPRE, R. M. *Desenvolvimento moral e indisciplina na escola.* Revista Nuances, v.5, p. 64-68, 1999.

LIBONI, M. e SIQUEIRA, J.E. Competência moral do estudante de medicina. In: *Revista da Associação Médica Brasileira,* vol. 55, n. 2, São Paulo, 2009.

MAY, Rollo. *O homem à procura de si mesmo.* Tradução de Aurea Brito Weissenberg. Petrópolis, RJ: Vozes, 2012.

MERLEAU-PONTY, Maurice. *Phénoménologie de la Perception.* Paris: Gallimard, 1954.

MILLEN, M. I. C. Educar para os valores. In: PESSINI, L e ZACHARIAS, R. (Organizadores). *Ser e Educar*: Teologia Moral, tempo de incertezas e urgência educativa, 2ª edição, São Paulo, Editora Santuário, 2011.

MORAES, A. D. *Um estudo da espiritualidade nas ações pedagógicas dos professores.* (Dissertação de Mestrado) Departamento de Psicologia Educacional, UNICAMP, Campinas, SP, 2011.

________, A. D. *Intervenção pedagógica e construção da competência moral em universitários.* (Tese de Doutorado) Departamento de Psicologia Educacional, UNICAMP, Campinas, SP, 2016.

PIEPER, Frederico. Filosofia e teologia em Heidegger: notas sobre a conferência "Fenomenologia e teologia" de 1927. *Numen:* revista de estudos e pesquisa da religião. Juiz de Fora, v. 17, n. 2, 2015, p. 99-134.

PROVINCIATTO, Luís Gabriel; KIRCHNER, Renato. *Estudos de Religião*, v. 31, n. 2 127-151, maio-ago. 2017, ISSN Impresso: 0103-801X - Eletrônico: 2176-1078

QUEIRÓS, B. C. *Ler, escrever e fazer conta de cabeça.* Belo Horizonte: Miguilim, 2001, p. 7-61.

RICOEUR, Paul. *Philosophie de la Volonté.* Finitude et culpabilité - II Symbolique du Mal. Paris: Aubier Montaigne, 1960.

SANTOS, Bento Silva. Martin Heidegger e a mística medieval: em busca de uma compreensão fenomenológica. *Síntese:* revista de filosofia. Belo Horizonte, v. 43, n. 136, 2016, p. 279-303.

STIEGLER, Bernard, Tomar cuidado: sobre a solicitude no século XXI, in AA.VV., *A urgência da teoria,* Lisboa, Tinta da China, 2007, 145-166.

VAZ, Henrique de Lima. *Antropologia Filosófica I.* São Paulo: Ed. Loyola, 1991.

VÁZQUEZ, A. Ética. Rio de Janeiro: Civilização Brasileira. 2002.

VIDAL, M. *El discernimiento ético*: hacia una estimativa moral critica. Madrid: Ediciones Cristiandad, 1980.

______, M. *Moral de actitudes*: Moral Fundamental. Madrid. Editorial Perpetuo Socorro, Vol. 1, 1981.

VIDAL, M. *La solidaridad*: nueva frontera de la teología moral. *Studia Moralia*, Roma, n. 23, p. 99-126, 1985.

______, M. *La moral como servicio a la causa del hombre*: orientación fundamental de la reflexión teológico-moral, hoy. *Moralia*, Madrid, n. 45, p. 19, 1990.

______, M. *Retos morales en la sociedad y en la iglesia*. Navarra: Verbo Divino, 1992.

______, M. *La estimativa moral:* propuestas para la educación ética. Madrid: PPC Editorial y Distribuidora, 1996.

______, M. *Psicologia do sentido moral*. Trad. Marcelo C. Araújo. Editora Santuário, Aparecida, SP, 2008.

VON RONDON, M. *A construção da competência moral e a influ*ência da religião: contribuições para a bioética. (Dissertação de Mestrado) FIOCRUZ, Rio de Janeiro, RJ, 2009.

APÊNDICE

Autoavaliação de alunos da disciplina Antropologia Teológica B:

GMG

Oi, professor! Fiquei por muito tempo pensando sobre como fazer essa autoavaliação. Sabe, introspecção não é meu forte. Mas decidi que a melhor maneira de fazer isso seria sendo bem honesta sobre todo esse semestre, e não somente sobre suas aulas. Afinal, foi o conjunto que me moldou e afetou, mesmo que de formas diferentes.

Para começar, devo lhe dizer que, de coração, esse semestre não foi fácil. Não apenas as matérias em si; passei por muitas coisas. Eu sou uma pessoa com várias dificuldades, que fazem com que atividades corriqueiras, que normalmente seriam fáceis, sejam empecilhos para mim. Apesar disso, tento o máximo que posso não deixar que as coisas me atrapalhem no caminho que planejei traçar para minha vida (apesar de ser um esboço só, porque a maioria das vezes eu só me deixo levar).

O que mais me deu trabalho esse semestre, em particular, foi meu TDAH. As pessoas tem uma visão de déficit de atenção hiperativo que é bem errônea, sabe? Na maioria das vezes, pensam que é alguém que não consegue focar em nada e está sempre pulando por aí. Apesar de isso ser parcialmente verdade (eu realmente estou sempre pulando por aí), é bem longe da realidade que eu vivo. Eu sabia lidar muito bem com meu TDAH, pois, apesar de, sim, ser difícil focar em apenas uma coisa por vez, eu sou ótima em multitarefas. É o que me ajuda a manter meu cérebro funcionando. Em aulas, por exemplo, eu desenho enquanto escuto a matéria, pois é o que me mantém focada na voz do docente. E aí começou meu primeiro problema.

Muitos professores, esse semestre, eram novos, com os quais entramos em contato pela primeira vez. E vários deles preferiram que eu não desenhasse durante as aulas. Como fiquei sem jeito de explicar o porquê eu preciso disso, simplesmente concordei. Então minhas notas despencaram. Mesmo tentando estudar em casa, percebi que nada foi absorvido. Nadinha. Nem nas matérias de que eu gosto muito e que são minha linha de trabalho eu consegui ir bem. Discuti sobre isso com meu psiquiatra, e mudamos meu remédio para um mais forte, há mais ou menos um mês. Eu venho sentindo as diferenças! Mas tenho medo de que a mudança tenha sido feita tarde demais e de que, talvez, eu não consiga recuperar minhas notas. O que me leva para meu segundo problema.

Depressão e ansiedade são coisas com que eu lido desde que me entendo por gente. Minha família inteira sofre da mesma condição; nossa pré-disposição genética fez com que eu tivesse de aprender, desde muito nova, a saber como conviver com tudo isso. Embora, depois de anos, tenha ficado muito boa nisso, sempre aparecem coisas novas; sempre aparecem emoções com as quais tenho de aprender ou reaprender a lidar. Sempre tem novas situações que causam emoções que eu conheço bem, mas por algum motivo não estou conseguindo fazer nada sobre. É bem assustador, sabe? É algo que não dá para saber como vai me afetar. Apesar de, na maioria dos dias, eu parecer bem, por dentro sempre tem um turbilhão que eu tenho medo do que vai fazer a seguir. Depois de tanto tempo estudando emoções, tornei-me muito boa em fingir, expressar algo que não sinto.

Dentro de todo esse contexto, suas aulas foram o que me trouxeram estabilidade nas semanas caóticas. Eu esperava, animada, todas as quintas que promoveriam discussões, pensamentos críticos e reflexões sobre assuntos sobre os quais, antes, eu refletia sozinha. Eu sou uma pessoa muito sociável e gosto de estar cercada de gente. Gosto de ouvir os pensamentos dos outros e de entender como as mesmas coisas afetam pessoas diferentes. Então era sempre muito interessante ver as pessoas que eu conhecia agirem de maneira que eu, muitas vezes, não esperava. Aprendi muito sobre meus colegas em suas aulas, mas também aprendi muito sobre mim. Como eu disse antes, não sou uma pessoa que se dá bem com introspecção: tenho a tendência de ser muito autocrítica e, muitas vezes, de maneira injusta. Eu já sabia disso, mas foi o que reparei muito mais nesse semestre. Então vou tentar fazer a autoavaliação mais justa para mim, porque já me fiz sofrer muito e acho que eu mereço uma pausa!

Aprendi a lidar melhor com minhas emoções. Apesar de ainda perder o controle às vezes, sinto que recuperei muito mais rápido do que em outras ocasiões.

Fiz amigos! Não apenas esse semestre, mas desde que entrei na faculdade. Sou uma pessoa com uma personalidade muito forte e entendo como isso pode assustar as pessoas. Antigamente eu escolhia simplesmente não me aproximar, mas mudei isso e estou muito orgulhosa de mim.

Sou linda, Céus, como eu me apaixonei por mim mesma esse semestre! Eu adoro olhar para o espelho e amar o que vejo. É um sentimento absurdo de bom.

Estou sendo mais honesta com as pessoas próximas de mim quanto com meus sentimentos. Abri 100% o jogo quanto as minhas doenças mentais para minha amiga mais próxima e sinto que, sabendo disso, nossa relação ficou muito mais íntima. Eu tinha medo de assustá-la e afastá-la, mas o efeito foi total oposto, e eu sou muito grata a isso.

Nesse mesmo contexto, estou me permitindo depender mais das pessoas. Por enquanto são só duas, mas é mais do que o total zero pessoas que havia antes. Sempre tive medo de me aproximar dos outros; mas aproximar está sendo muito bom. Não faço questão de depender de mais gente, mas sei que, se eu conhecer alguém que me faça sentir confortável o suficiente para isso, vou estar pronta para a ocasião.

Consegui um estágio! É meu trabalho dos sonhos. Desde criança queria ser geneticista e trabalhar com mutações; e aqui estou eu: uma cientista de verdade! Meu eu de 8 anos ficaria muito feliz por mim.

Acho que é isso. Podem não parecer conquistas muito significativas, mas sinto que escalei umas quatro montanhas esse semestre. Dei umas tropeçadas e caí várias vezes, mas eu ainda estou viva.

Eu vivo. Eu estou aqui. Vai ficar tudo bem. Obrigada, professor! Boas férias.

As discussões que desenvolvemos em sala de aula agregaram valores para as ocasiões do dia a dia e me conduziram a reflexões a respeito de valores morais e éticos, que, por vezes, não me atentei por causa da força do hábito, das conveniências, realizações simples.(...) De maneira notável, esta disciplina, não somente a mim como ser humano, mas também como funcionária e estudante, fez-me enxergar que em torno de tudo estão envolvidos valores culturais, religiosos, éticos e morais e começar a dar mais valor aos acontecimentos efêmeros que me fazem bem, sendo imprescindível ter cautela e buscar agir de forma sábia com tudo e todos.

JGRR

Bem no início do semestre, confesso que a disciplina era a que chamava menos minha atenção; agora percebo o quanto eu estava errado com esse pensamento. Com o andamento do semestre, a disciplina se mostrou cada vez mais interessante, principalmente nas aulas mais dinâmicas, que nos "obrigavam" a participar dando nossas opiniões. O que me fez mudar totalmente minha ideia inicial sobre a matéria foi que, com o passar das aulas, eu fui percebendo que estava mudando para melhor. Por exemplo, eu era uma pessoa muito fechada a opiniões diferentes, mas hoje já sou mais tolerante a isso.

Meus relacionamentos com amigos melhoraram bastante também, eu voltei a ser uma pessoa que eu tinha deixado de ser há muito tempo: mais alegre, mais comunicativa e, principalmente, muito mais extrovertida. Também vale acrescentar que eu finalmente consegui me relacionar melhor com meus pais; eu nunca tinha conseguido me abrir emocionalmente para eles por ter medo de deixá-los tristes. Agora percebo que eles precisam saber como estou e como me sinto para me ajudarem a melhorar, afinal eles já passaram por muita coisa que ainda terei de passar.

Para finalizar, gostaria de agradecer as aulas e ter me ajudado tanto nesse semestre que foi tão difícil para mim por causa de perdas que eu tive e problemas em relação a minha saúde psicológica; principalmente obrigado por ter feito me transformar em uma pessoa melhor.

Antropologia Teológica C

MD

A abertura do professor para exposição de opinião e para colocação de comentários facilitou muito o aprendizado dos conteúdos; a colocação de cada colega, a orientação do professor, as ligações com o cotidiano eram facilitadas e entendidas. Além do mais, o respeito existente entre os colegas de classe é de admirar-se: a oportunidade de expressar o que se sente e o que se pensa, mesmo sendo o contrário do que as outras pessoas pensam/sentem, é bem maior do que em muitos ambientes que frequento/frequentei; os alunos que formam a turma apresentam respeito em relação à opinião alheia; tenho orgulho de meus colegas por isso.

Todos os conteúdos abordados em sala de aula auxiliaram-me a entender um pouco mais quem eu realmente sou, como a sociedade atual se manifesta em diversos aspectos e ambientes e como o humano é tão dependente do convívio social. Um dos conteúdos mais marcantes para mim foi sobre os valores morais, cuja inversão, infelizmente, está escancarada, e sobre como podemos, aos poucos, auxiliar e atuar para sua "desinversão". Acho fantástica a forma como os conteúdos são interligados, como os pensamentos e as ideias não são isolados, assim como o conhecimento científico, e como as concepções transitam entre os conteúdos, tanto da disciplina como /com de outras.

Todas as discussões realizadas, ideias e todos os conceitos trocados, assuntos debatidos, tudo fez com que eu fizesse uma autoavaliação em cada aula, visando melhorar o meu eu, ao ambiente e à comunidade em que vivo.

Reconhecer, humildemente, que sou falha, que preciso conviver com outras pessoas, para melhorar meus defeitos e acrescentar na sociedade minhas qualidades, que os valores morais são importantíssimos para a formação do caráter, que os princípios antropológicos estão diariamente a meu alcance e que o respeito a diferentes opiniões e ideias deve sempre ser mantido me faz buscar ser uma pessoa melhor.

As aulas de antropologia teológica, neste semestre, foram extremamente qualitativas para mim. Acrescentaram, de forma exponencial, em todos os conceitos aprendidos. Espero que eu saiba - e aprenda cada dia mais - a aplicar tudo de bom que eu aprendi(rei) e desenvolvi(rei).

ALC

Destaco a aula sobre espiritualidade como a que mais me instigou esse semestre. Procurei realizar os conteúdos de sala de aula com outros amigos e familiares, discutir ideias relacionadas; até mesmo uma roda de conversa foi formada após a própria aula, com alunos da biologia de outros anos, para contar sobre a aula. Foi realmente algo que me marcou e que levei para minha formação como pessoa, porque foi momento de reflexão, que me fez repensar sobre algumas questões de minha espiritualidade que não sabia que precisavam de atenção; as outras aulas relacionei mais com o curso e o trabalho.

Este livro foi composto com as famílias tipográficas Book Antiqua e Segoe
e impresso em papel Offset 75g/m² pela **Gráfica Santuário.**